1枚の着物から洋服とカバンが作れる いちばんやさしい 着物リメイク

松下純子
Wrap Around R.

PHP

もくじ

ふわりチュニック
写真 P.14　作り方 P.47

パンツ
写真 P.14　作り方 P.58

リングバッグ よこなが
写真 P.15　作り方 P.72

ふわりブラウス
写真 P.17　作り方 P.47

ロングスカート
写真 P.17　作り方 P.60

リボンバッグ
写真 P.16　作り方 P.76

ゆらりブラウス
写真 P.18　作り方 P.62

タックパンツ
写真 P.18　作り方 P.53

ポーチ
写真 P.18　作り方 P.79

ゆらりブラウス ウエストしぼり
写真 P.21　作り方 P.62

タックスカート
写真 P.21　作り方 P.53

あづまショルダー
写真 P.21　作り方 P.74

1枚の着物から洋服1着とカバン

洋服はブラウスからコートまで、カバンはトートからリュックまで、多彩なアイテムの作り方を紹介。1枚の着物から洋服とカバンをリメイクしましょう。

カフスブラウス

作り方 P.28

ゆるやかなVネックのリラックス感あふれるブラウス。アームホールにカフスをつけて、気になる二の腕をしっかりとカバー。花柄の正絹（しょうけん）の着物地は、季節を問わず楽しめます。

トート よこなが
作り方 P.70

レトロな雰囲気のトートバッグは、A4 サイズの書類
や 13 インチのノートパソコンが収納できます。ビジ
ネスからレジャーまで幅広く活躍しそう。

リングバッグ たてなが

作り方 P.72

玉模様の着物地に丸い持ち手を組み合わせて、遊び心あふれるデザインに。底のマチ幅を大きくとって収納力をアップ。

ポッケワンピース

作り方 P.28

「カフスブラウス（P.4）」をロング丈にアレンジしたワンピース。脇ポケットやサイドのスリットなど、細かなディテールが満載です。愛らしい玉模様の着物地は銘仙。

カフスワンピース

作り方 P.29

前・後ろ身頃にダーツを縫ったワンピースは、たてながラインで着痩せ効果を発揮し、後ろの裾にスリットを入れて動きやすい仕様に。清涼感ある木綿の浴衣地（ゆかた）は、夏のリゾート着におすすめ。

あづまバッグ

作り方 P.74

日本の伝統文化が詰まったあづまバッグは、1枚の布を折って縫い合わせるだけで完成します。小さくたたんで持ち運べるのでエコバッグとしても便利。

サコッシュ
作り方 P.76

長財布やスマートフォンなどが入
るほどよいサイズ感のバッグは、
身軽にお出かけしたいときに最
適。肩紐の長さも調整可能です。

スモック風コート
作り方 P.35

袖口をゴムでしぼったボリュームのあ
るスリーブなど、愛嬌のあるデザイ
ンでスモックのようなコートが完成。
ウール素材の着物地で仕立てて、あた
たかな風合いをプラス。

ボタンコート

作り方 P.35

「スモック風コート（P.8）」の袖を短くタイトにし、飾りボタンや小さなポケットなどのアレンジをくわえたコート。着物地は粋な縞の銘仙で、マニッシュな雰囲気を演出。

ショルダーバッグ

作り方 P.78

前後に大きなポケットのついた機能的なショルダーバッグ。四角いシンプルなデザインは、カジュアルスタイルにおすすめです。

ベスト

作り方 P.43

色無地のショート丈ベストは、どんな
アイテムともコーディネートしやす
く、着まわし力抜群です。前後の切り
替え部分にギャザーをよせて立体感を
プラス。オールシーズン楽しめる縮緬
の着物地を使用。

トート たてなが

作り方 P.70

細長いトートは、センターにほどこした
タックがアクセント。筒状の資料や
長い箱、ボトルなどを運ぶときに重宝
するバッグです。

きものリュック
作り方 P.67

両手が使える便利なリュック。四角いフォルムや袋口
を丸めて閉じるロールトップなど、スタイリッシュな
デザインも魅力です。

ロングベスト

作り方 P.42

「ベスト（P.10）」をロング丈に
アレンジしたベストは、いつもの
コーディネートにさっと羽織るだ
けで重ね着が楽しめます。A ライ
ンのシルエットで体型もカバー。
趣のある紬の着物地を使用。

13

1枚の着物からセットアップとカバン

大切な着物をあますところなく使って、おそろいのセットアップとカバンを作りましょう。トータルはもちろん、それぞれのアイテムをスタイリングするのも楽しいですね。

ふわりチュニック & パンツ

作り方
ふわりチュニック P.47 ／パンツ P.58

切り替えギャザーでボリュームを
出したチュニックと、ミディ丈の
パンツを組み合わせたリゾート感
漂うセットアップ。正絹の着物地
に染め上げたエスニック調の花柄
も素敵です。

ゆったりパンツにきれいめブラウスを
合わせた、上品さとリラックス感をあ
わせもつスタイル。裾をしぼったタック
もポイントです。

ふんわりシルエットのチュニックは、
タイトなインナーやボトムスを合わせ
るとスタイルがスッキリ見えます。上
身頃は着物の裾裏の八掛を使用。

リングバッグ よこなが
作り方 P.72

エスニック調の花柄にバンブーリングを組
み合わせた、異国情緒漂うバッグ。前面に
ほどこした大きなポケットで、荷物の整理
もバッチリです。

清楚な白とバルーンスリーブが上品な
ブラウスは、抜け感のあるVネック
ラインで女性らしさを演出。カジュア
ルなデニムとも好相性です。

存在感ある色柄のスカートは、トップ
スをシックな色で合わせるとコーディ
ネートが上品に華やぎます。ウエスト
ゴムでリラックスしたはき心地。

リボンバッグ
作り方 P.76

シンプルなバッグは、持ち手をリボン結びに
して愛らしい表情をプラス。底のマチを大き
めにとると、荷物がゆったり入ります。

ふわりブラウス & ロングスカート

作り方
ふわりブラウス P.47 ／ロングスカート P.60

着物の裏地の羽二重で仕立てた長袖ブラウ
スと、銘仙の大きな鈴柄が可愛らしいロン
グスカートのセットアップ。無地の白と鮮
やかな色柄とのコントラストが素敵です。

17

ゆらりブラウス & タックパンツ

作り方
ゆらりブラウス P.62 ／タックパンツ P.53

三角形のフレア袖がフェミニンなブラウスと、ほどよいリラックス感あるタックパンツの組み合わせ。使用した着物地は、カラフルな花柄の正絹。

ポーチ

作り方 P.79

着物地が少しだけあまったら、コンパクトなポーチにリメイク。身軽にお出かけしたいときはもちろん、バッグインバッグとしても便利です。

パステルトーンのパンツには、白のブラウスを
合わせて透明感のあるスタイルに。フロントの
タックで、気になるおなかまわりをスッキリ。

顔まわりをスッキリと見せるスクエアネックの
ブラウス。アースカラーのボトムスを合わせて
大人のナチュラルコーディネートを楽しんで。

光沢感のある着物地で仕立てたブラウスは、
白のボトムスで大人カジュアルに。ウエスト
ゴム仕様だから、気になるおなかまわりをカ
バーしてくれます。

フロントにタックをほどこしたロング丈
のスカート。シックな色柄の着物地にく
すみ系ピンクのアイテムを組み合わせる
と、上品にまとまります。

ゆらりブラウス ウエストしぼり
& タックスカート

作り方
ゆらりブラウス ウエストしぼり P.62
タックスカート P.53

「ゆらりブラウス（P.18）」の
ウエストをゴム仕様にしたブ
ラウスと、タックスカートの
セットアップは、ワンピース
風の見た目で可憐な印象に。
シックな着物地は正絹。

あづまショルダー

作り方 P.74

「あづまバッグ（P.7）」にフェイク
レザーの持ち手をつけ、モードな
雰囲気に仕上げたショルダーバッ
グ。三角シルエットも素敵です。

着物の名称とほどき方

基本的な着物の名称を覚えておくとリメイクの際に役立ちます。
着物はゆっくりと丁寧にほどき、素敵なワードローブを作りましょう。

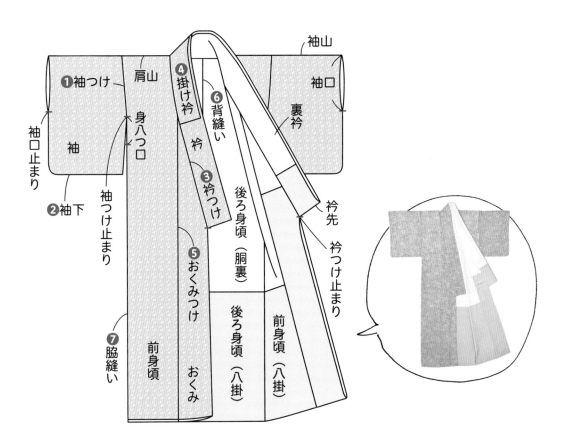

ほどく順番

❶袖つけ→❷袖下→❸衿つけ→❹掛け衿→❺おくみつけ→❻背縫い→❼脇縫い

袖つけと袖下、衿と掛け衿、おくみをほどき、着物の身頃からはずす（このとき、裏地も一緒にはずしておく）。次に残った身頃の背、脇の順にほどく。

着物地の状態をチェックする

❶シミや破れなど、全体をチェックする（マスキングテープで印をつける）。

❷片側の袖だけをほどき、袖のたてとよこの寸法をはかる。

❸ほどいた袖を洗う。
※乾いたら寸法をはかり、❷の寸法と比べて5cm以上縮んだ着物は、リメイクには適していません。

ほどいた着物地と目安の寸法

ほどいた着物は、下の図のような布にわかれます。

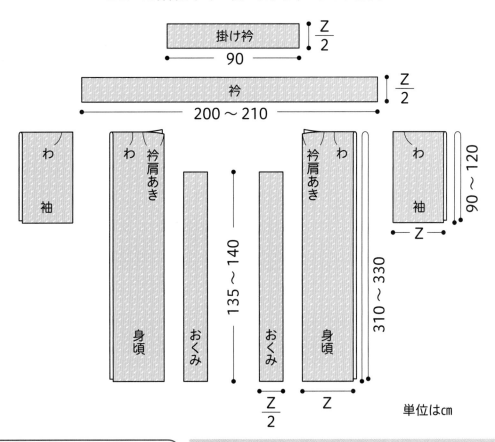

掛け衿
90
$\dfrac{Z}{2}$

衿
200 〜 210
$\dfrac{Z}{2}$

わ
袖

わ
衿肩あき

わ
衿肩あき
わ
袖

わ
袖

135 〜 140

310 〜 330

90 〜 120

身頃
おくみ
おくみ
身頃
Z

$\dfrac{Z}{2}$
Z

単位は㎝

着物地の幅 Z の標準寸法

$$Z = 36 〜 38㎝$$

● 身頃・袖 = Z

● 衿・掛け衿・おくみ = $\dfrac{Z}{2}$

【注意】
● 着物によって多少寸法が異なります。
● 衿・掛け衿・おくみの幅が、身頃の $\dfrac{Z}{2}$ の幅と異なる場合があります。作り始める前に必ず幅を確認し、幅が広い場合は身頃の $\dfrac{Z}{2}$ の幅になるように切っておきましょう。
● 裁ち図で指定している部分の長さがたりなかったり、汚れやキズがあったりして使えないときは、同じ寸法がとれるほかの部分を使いましょう。

糸の切り方

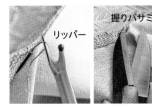

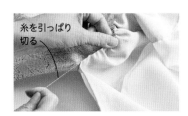

❶リッパーはとがった長い先端を下にして、握りバサミは刃先で糸を引き上げる。とがった先端を布に引っかけて切ってしまわないように注意する。

❷❶で引き上げた糸を引っぱりながら手で切る作業を繰り返してほどいていく。布が劣化して糸の滑りが悪いときは、リッパーや握りバサミで切りながらほどく。

※身八つ口のつけ止まり（かんぬきどめ）や、袖表布の裏のあて布部分はしっかりととめられているので、丁寧にほどく。

ほどいた着物地の洗い方

ほどいた着物地は重曹で丁寧に洗いましょう。

用意するもの ------●

重曹、液体せっけん、クエン酸
※重曹やクエン酸がない場合は、おしゃれ着用の中性洗剤で水洗いしましょう。

❶タライやバケツなどを用意し、約1.5Lのぬるま湯（約30度）に、重曹と液体せっけんを大さじ1ずつ溶かし入れる。

❷ほどいた布を四角にたたんで、❶に約10分つける。
※色落ちが激しいときは、すぐに引き上げ、水に❶と同量の重曹と液体せっけんを混ぜ合わせたものに約3分つける。

❸❷を水でよくすすぎ、約0.8Lの水にクエン酸ひとつまみを入れる。約3分つけたあと、タオルに包んで軽く押してしぼる。

❹ぬれたままの布に軽くアイロン（中温）をかけ、布が重ならないように、陰干しをする。

❺乾いたら、再度アイロン（中温）をかけ、しっかりとシワをのばす。※スチームにしない。

着物リメイクで使う道具

本書で紹介する作品を作るときに使う道具と材料を紹介します。

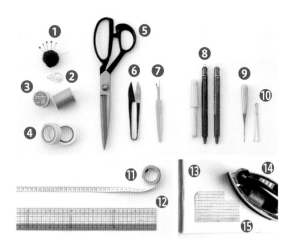

❶ピンクッション・手縫い針（普通地用）・マチ針 ❷手縫い針用糸通し ❸手縫い糸（スパン糸がおすすめ） ❹マスキングテープ（着物のシミや表裏、ミシンの縫い代の目印に使用）❺裁ちバサミ ❻握りバサミ ❼リッパー ❽印つけ用のペン（チャコペンのほかに、こすって消えるボールペンもアイロンの熱で消える）❾目打ち（袋状に縫った角をととのえるなど、細かい作業用）❿紐通し ⓫メジャー ⓬方眼定規（30cm以上のものが便利）⓭アイロン台 ⓮アイロン ⓯アイロン定規（三つ折りをするときに寸法をはかりながらアイロンがあてられる）
※ミシン・ミシン針・ミシン糸 P.26 参照

ほどいた着物地をまっすぐ裁つ

裁ち図の寸法を参照し、着物地の裏に直接印つけ用のペンなどで線を引いて、まっすぐ裁ちます。

印つけ

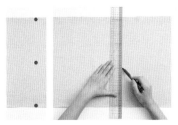

裁ち図に記載されている寸法を定規やメジャーではかり、3点に印をつける。3点を結んでまっすぐ線を引く。

裁断

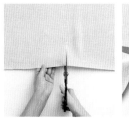

×NG

水平な作業台の上に布を広げて、裁ちバサミの下刃を作業台につけ、布に対して垂直に上刃をおろして、裁ちすすめる。ワンピースなど長い布を裁つときは、二つ折りにして布を短くし、裁断する。

布と裁ちバサミを浮かせたり、刃を傾けたりするとゆがむので注意。

手縫いの基本

着物のように手縫いで作る場合、4つの基本の縫い方で本書の作品を作ることができます。丁寧に針をすすめましょう。

並縫い

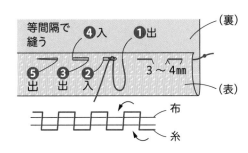

表裏を等間隔の縫い目でまっすぐ縫う、手縫いの基本。二つ折りや三つ折りに用いる。

本返し縫い

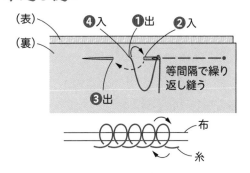

ひと針ずつ後ろに戻りながら縫いすすめる。布と布を合わせて縫うときに用いる。

コの字縫い

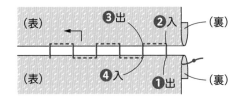

2枚の布の縫い目を見せず、コの字を描くように縫い代をぴったりととじ合わせる。返し口をとじるときなどに用いる。

まつり縫い

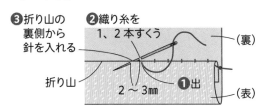

縫い目が表から目立たないので、スカートやパンツの裾上げなどに用いる。

ミシン縫いの基本

ミシンでの縫い方の基本を紹介します。
実際に使う着物地と糸で試し縫いをしてから始めましょう。

ミシンについて

本書の作品は、直線縫い、あら縫い、ジグザグ縫いの3種類で作る。両手で布を扱うことができるフットコントローラがあるとミシンがけが安定するのでおすすめ。

ミシン針と糸の関係

布の厚さ	ミシン針	ミシン糸
薄地	9号	90番
普通地	11号	60番
厚地	14号	30番

多くの着物地は、針11号と糸60番で縫えるが、上表を参考に布の厚みに合わせて針と糸を替える。糸の色は、縫い目が目立たないように布に近い色を、柄布はいちばん多い色を、薄い色の布は1トーン明るい色、濃い色の布は1トーン暗い色を選ぶといい。

直線縫い

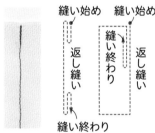

縫い始め　縫い始め
返し縫い　縫い終わり　返し縫い
縫い終わり

約2mmの目で縫う基本の縫い目。糸がほどけないよう、縫い始めと終わりは約1cm返し縫いする。
※図右は1周縫う場合。

あら縫い

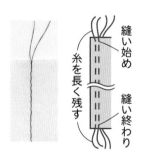

縫い始め
縫い終わり
糸を長く残す

ギャザーを縫うときなど、約4mmの目で縫うあら縫い。縫い始めと終わりは返し縫いをせず、糸を長く残す。

縁かがり縫い

ジグザグ縫い　ロックミシン

裁断した布端のほつれを防ぐために縁かがり縫いをする。ロックミシンがない場合は家庭用ミシンでジグザグ縫いをする。手縫いの場合は布の端から2〜3mmを並縫い（P.25）する。

ミシンでまっすぐに縫う裏技

約5cm

ミシンの針がおりるところから縫い代分はなれたところに、約5cm長さのマスキングテープを貼り、布をテープに沿わせながらミシンをすすめると、まっすぐに縫える。

マチ針をとめる順番

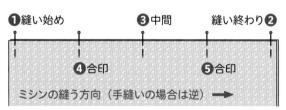

❶縫い始め　❸中間　縫い終わり❷
❹合印　❺合印
ミシンの縫う方向（手縫いの場合は逆）➡

マチ針は、縫う方向に対し垂直に布にとめるのが基本。❶縫い始めと❷終わり、❸中間、❹❺の合印にとめます。マチ針をなくすと危ないので、本数を管理しやすい5本くらいが目安。

裁ち図と作り方の図の見方

型紙を使用せず、裁ち図をもとに着物地を裁断し、アイテムを縫っていきます。
作り始める前に図の見方を押さえておきましょう。

基本の表記と記号

布裏は ▨ 色　　布表は ▨ 色　　単位は CM

⟷ 布のたて地の方向　　------ 解説している縫い線　　〜〜 長さを省略

✏ 印つけ　　------ 縫い終えた線　　▨ 伸びどめテープ

〜〜〜〜 縁かがり縫い
（ジグザグ縫い・ロックミシン）　　●------ 縫い止まり　　◁ アイロンをかける

　　　　　　　　　　　　　　　　　　—·—·— 中心線　　🧵 寸法をはかる

裁ち図の見方

【例】P.28 ポッケワンピース　　【例】P.53 タックパンツ

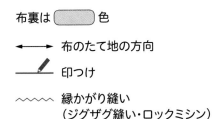
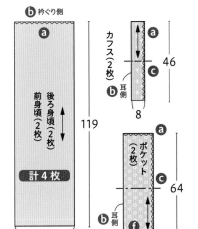

ⓑ 衿ぐり側

後ろ身頃（2枚）
前身頃（2枚）
計4枚
119

カフス（2枚）
ⓐ ⓒ ⓑ 耳側
46
8

ポケット（2枚）
ⓐ ⓒ ⓑ 耳側 ⓕ ⓐ
64
ⓓ Z/2
Z

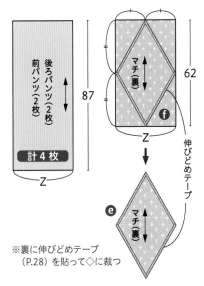

後ろパンツ（2枚）
前パンツ（2枚）
計4枚
87
Z

マチ（裏）
62
Z

マチ（裏）
伸びどめテープ
ⓔ

※裏に伸びどめテープ
（P.28）を貼って◇に裁つ

ポイント

ⓐ 縁かがり縫いする位置
　※裁断側を始末する場合
　や耳側は縁かがり縫い
　は不要

ⓑ 縁かがり縫いの位置に指
　定がある場合のみ記載

ⓒ 裁ち図の中心線は、二つ
　折りにする場合のみ記載

ⓓ 着物地の半幅に裁断する

ⓔ マチは伸びどめテープを
　貼ったあとに裁断する

ⓕ 製図を見やすくするため
　の模様

作り方の図の見方

【例】P.48 ふわりチュニック・ふわりブラウス

拡大図

中心
1 10 10 1
8　　　　　　　　8
1 あける　　　1 あける

中心

前上身頃（裏）
前上身頃A（表）
前上身頃A（表）
前上身頃B（表）
前上身頃B（表）
後ろ上身頃（裏）

【例】P.59 パンツ

省略図

※（ ）内の指定
ページを必ず
参照する。

注意

※布を2枚重ねていることがわ
かるように、図は少しずらして
記載。実際はぴったり合わせる。

3 マチに印をつける
（P.55- **4**）

1　　1
マチ（裏）
1　　1

4 マチを縫いつけ、
股下を縫う
（P.56- **5**）

マチ（裏）
後ろパンツ（裏）

単位はcm
Zは着物幅（幅は着物によって異なる）
←→ 布のたて地の方向
〰〰〰 縁かがり縫い（裁ち図のみに記載）

-----　解説している縫い線
-----　縫い終えた線
●----　縫い止まり
—・—　中心線

カフスブラウス

60

写真 P.4

▌材料
● 着物…1枚
● 1.2cm幅の伸びどめテープ
（片面アイロン接着）…適宜

裁ち図 ✄

衿ぐり側

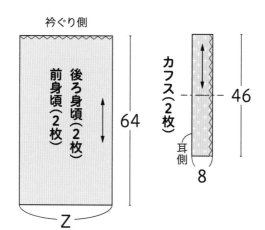

後ろ身頃（2枚）
前身頃（2枚）

64

Z

カフス（2枚）

46

耳側

8

ポッケワンピース

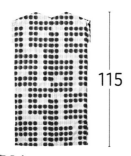

115

写真 P.6

▌材料
● 着物…1枚
● 1.2cm幅の伸びどめテープ
（片面アイロン接着）…適宜

―― MEMO ――

伸びどめテープ
片面にアイロン接着剤
のついた平織りのテー
プ。衿ぐりなど、ミシン
で斜めに縫うときに伸
びどめテープを貼ってお
くと、布の伸びをおさ
えて縫いやすくなる。

裁ち図 ✄

衿ぐり側

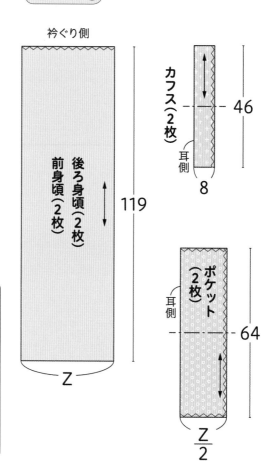

後ろ身頃（2枚）
前身頃（2枚）

119

Z

カフス（2枚）

46

耳側

8

ポケット（2枚）

64

耳側

Z/2

カフスワンピース

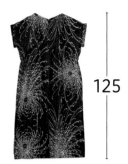

125

写真 P.7

材料

- ●着物（作品は浴衣地）…1枚
- ● 1.2cm幅の伸びどめテープ
  （片面アイロン接着 P.28）…適宜

裁ち図 ✂

衿ぐり側

後ろ身頃（2枚）
前身頃（2枚）

129

Z

カフス（2枚）

46

耳側

8

（作り方）👑 カフスブラウス・ポッケワンピース・カフスワンピース共通

1 前・後ろ身頃の中心を縫う

カフスブラウス・ポッケワンピース

❶前身頃を中表に合わせ、中心を縫う

7

1.5

前身頃（裏）

（表）

後ろ身頃も同様

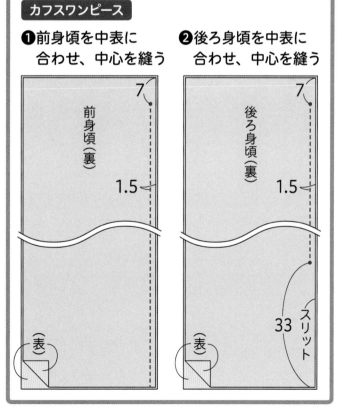

カフスワンピース

❶前身頃を中表に合わせ、中心を縫う

7

前身頃（裏）

1.5

（表）

❷後ろ身頃を中表に合わせ、中心を縫う

7

後ろ身頃（裏）

1.5

33 スリット

（表）

2 身頃にダーツを縫う

カフスワンピース

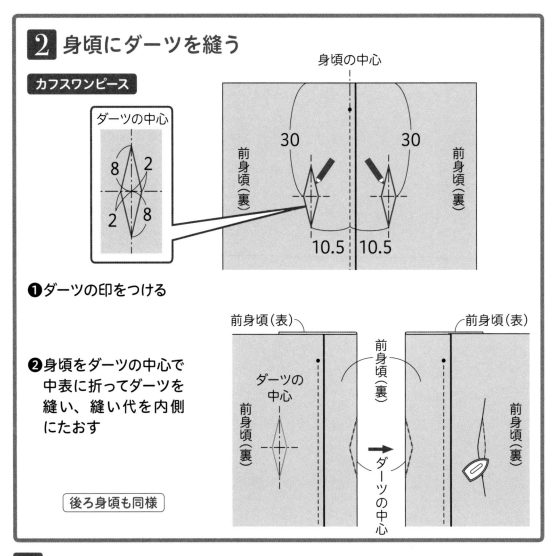

ダーツの中心

8 2
2 8

身頃の中心

30   30

前身頃（裏）   前身頃（裏）

10.5 | 10.5

❶ダーツの印をつける

前身頃（表）   前身頃（表）

ダーツの中心

前身頃（裏）

前身頃（裏）   前身頃（裏）

ダーツの中心

❷身頃をダーツの中心で
中表に折ってダーツを
縫い、縫い代を内側
にたおす

後ろ身頃も同様

3 肩を縫う

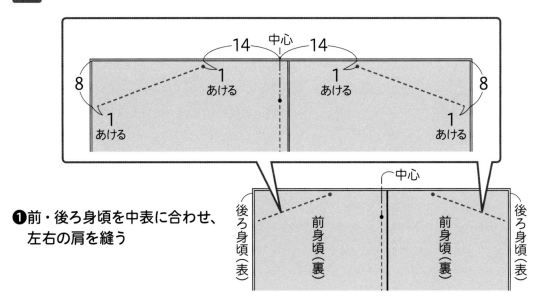

14 中心 14

8   1 あける   1 あける   8

1 あける   1 あける

中心

後ろ身頃（表）   前身頃（裏）   前身頃（裏）   後ろ身頃（表）

❶前・後ろ身頃を中表に合わせ、
左右の肩を縫う

4 衿ぐりを折る

❶縫い代を片側にたおし、肩の縫い止まりから
前身頃の中心の縫い止まりまでアイロンで折り筋をつける

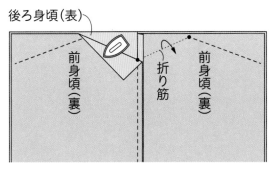

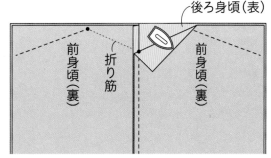

❷折り筋に沿って伸びどめテープを貼る

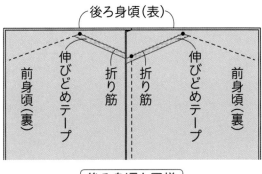

後ろ身頃も同様

❸身頃の中心の縫い代を割る

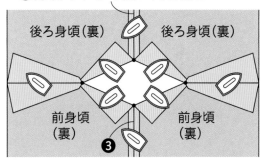

❹衿ぐりを折り、肩の縫い代を割る

5 衿ぐりを縫う

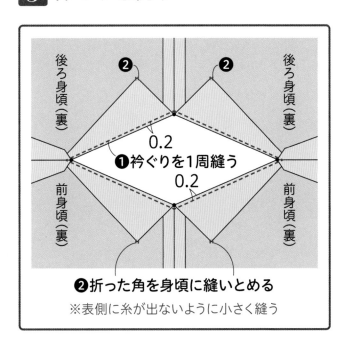

❶衿ぐりを1周縫う

0.2
0.2

❷折った角を身頃に縫いとめる

※表側に糸が出ないように小さく縫う

6 カフスを作る

❶カフスを中表に
二つ折りにして縫う

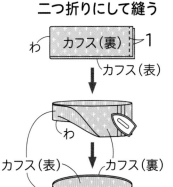

❷縫い代を割り、
外表に二つ折りにする

もう1枚も同様

7 脇を縫う

カフスブラウス・カフスワンピース

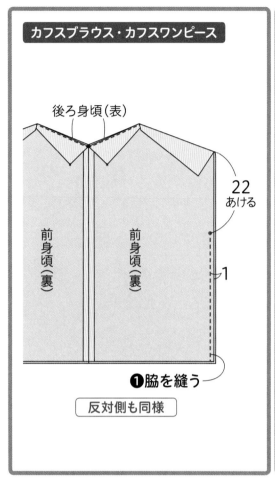

後ろ身頃(表)

22あける

前身頃(裏)

前身頃(裏)

1

❶脇を縫う

反対側も同様

ポッケワンピース

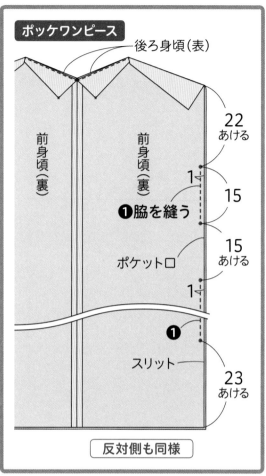

後ろ身頃(表)

前身頃(裏)

前身頃(裏)

22あける

1

15

❶脇を縫う

15あける

ポケット口

1

❶

スリット

23あける

反対側も同様

8 カフスをつける

❶カフスを身頃の内側に入れ、★・☆を袖ぐりで合わせる

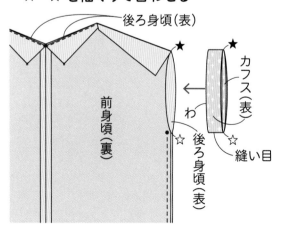

後ろ身頃(表)

前身頃(裏)

★

カフス(表)

わ

☆

☆

後ろ身頃(表)

縫い目

❷袖ぐりを縫い止まりから1周縫う

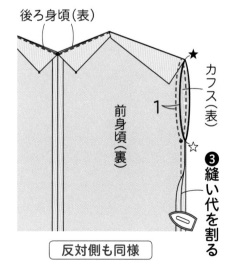

後ろ身頃(表)

★

カフス(表)

1

前身頃(裏)

☆

❸縫い代を割る

反対側も同様

9 ポケットをつけて、裾を縫う

ポッケワンピース

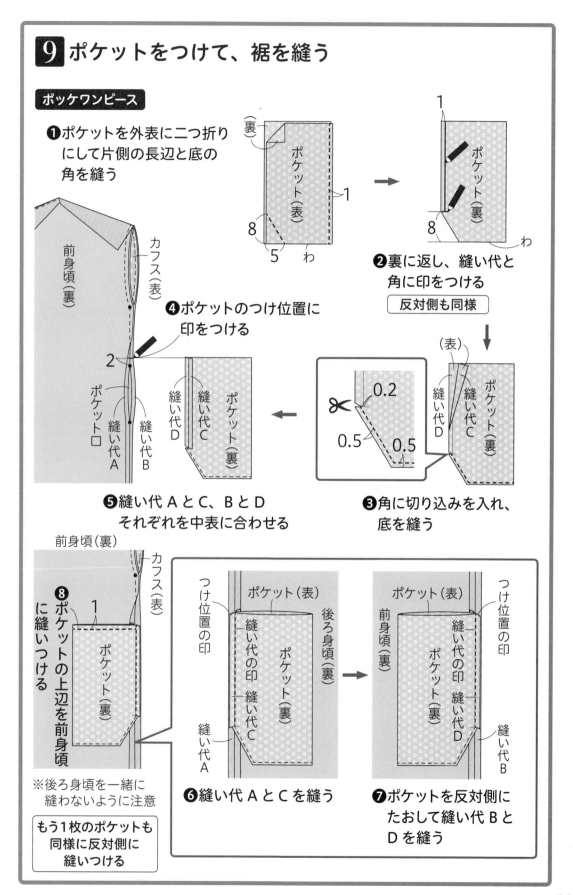

❶ ポケットを外表に二つ折りにして片側の長辺と底の角を縫う

ポケット（表）
（裏）
1
8
5
わ

❷ 裏に返し、縫い代と角に印をつける
反対側も同様

ポケット（裏）
1
8
わ

（表）
縫い代C
縫い代D
ポケット（裏）

❸ 角に切り込みを入れ、底を縫う

0.2
0.5
0.5

縫い代D
縫い代C
ポケット（裏）

❺ 縫い代AとC、BとD それぞれを中表に合わせる

❹ ポケットのつけ位置に印をつける

前身頃（裏）
カフス（表）
2
ポケット口
縫い代A
縫い代B

前身頃（裏）
カフス（表）
1

❽ ポケットの上辺を前身頃に縫いつける

ポケット（裏）

※後ろ身頃を一緒に縫わないように注意

もう1枚のポケットも同様に反対側に縫いつける

❻ 縫い代AとCを縫う

つけ位置の印
ポケット（表）
縫い代の印
縫い代C
ポケット（裏）
後ろ身頃（裏）
縫い代A

❼ ポケットを反対側にたおして縫い代BとDを縫う

つけ位置の印
ポケット（表）
縫い代の印
縫い代D
ポケット（裏）
前身頃（裏）
縫い代B

$\boxed{10}$ 裾とスリットを縫う

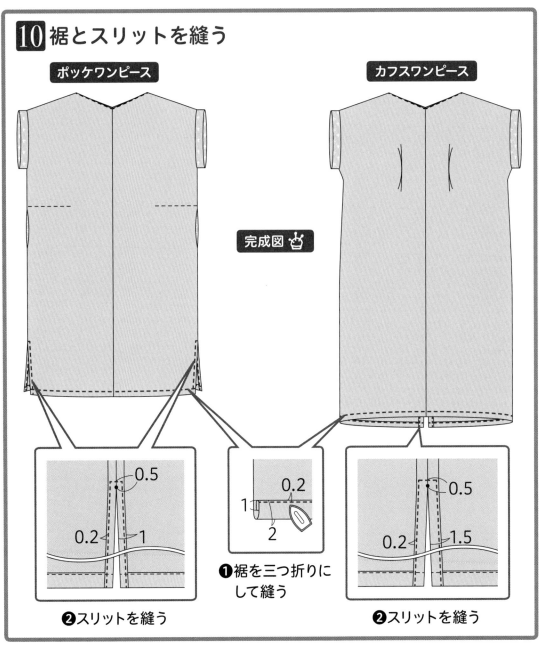

ポッケワンピース

カフスワンピース

完成図 🙎

0.5

0.2 ← 1

❷スリットを縫う

0.2

1

2

❶裾を三つ折りに
して縫う

0.5

0.2 ← 1.5

❷スリットを縫う

$\boxed{10}$ 裾を縫う

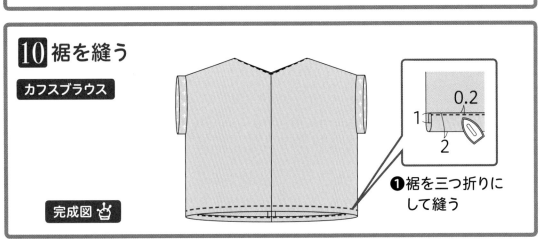

カフスブラウス

完成図 🙎

0.2

1

2

❶裾を三つ折りに
して縫う

単位はcm
Zは着物幅（幅は着物によって異なる）
◄──► 布のたて地の方向
〰〰 縁かがり縫い（裁ち図のみに記載）

┅┅┅ 解説している縫い線
┄┄┄ 縫い終えた線
●┅┅ 縫い止まり
━・━ 中心線

スモック風コート

写真 P.8

90

裁ち図 ✂

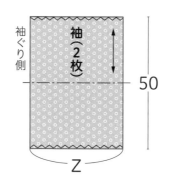

袖
（2枚）

袖ぐり側

50

Z

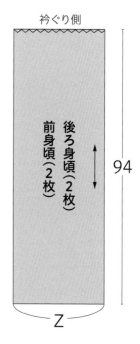

衿ぐり側

後ろ身頃（2枚）
前身頃（2枚）

94

Z

材料

● 着物…1枚
● 1.2cm幅の伸びどめテープ
（片面アイロン接着 P.28）
…適宜
● 1.5cm幅の平ゴム
…24cm×2本
● 直径1.2cmのくるみ
スナップボタン…7組

┌── MEMO ──
│ **くるみスナップボタン**
│
│
│
│ 薄い布でくるんだスナップボ
│ タン。布地になじみ、洋服の
│ 前を開けたとき目立ちにくい。
└──────────

ボタンコート

写真 P.9

100

裁ち図 ✂

袖ぐり側

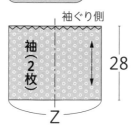

袖
（2枚）

28

Z

ポケット

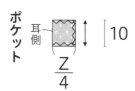

耳側

10

Z/4

衿ぐり側

後ろ身頃（2枚）
前身頃（2枚）

104

Z

材料

● 着物…1枚
● 1.2cm幅の伸びどめテープ
（片面アイロン接着 P.28）
…適宜
● 直径1.2cmのくるみ
スナップボタン…7組
● 直径1.5cmのボタン…7個

1 後ろ身頃の中心を縫う

❶後ろ身頃を中表に合わせ、中心を縫う

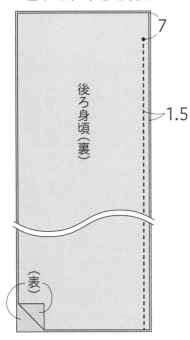

7

1.5

後ろ身頃（裏）

（表）

2 前身頃の中央に印をつけて縫う

❶前身頃Aに中央の印をつける

1.5

7

❷衿ぐりの印をつける

前身頃A（表）

耳

❸前身頃Bの中央を折って縫う

1.5

7

❹衿ぐりの印をつける

前身頃B（裏）

0.2

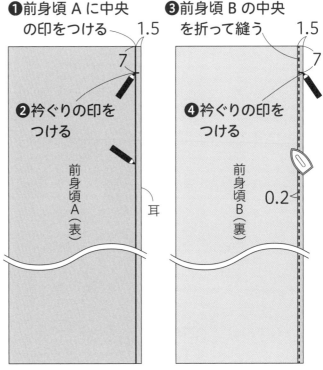

※前身頃Aの中央は耳のまま

3 肩を縫う

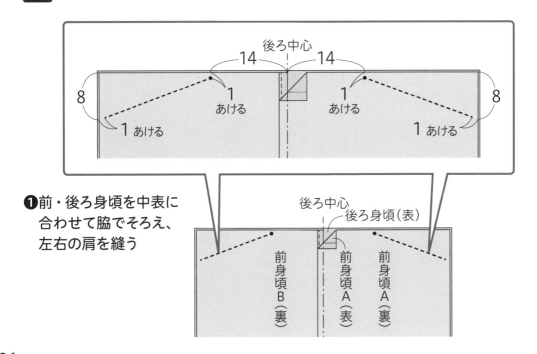

後ろ中心

14 14

8 8

1 あける 1 あける

1 あける 1 あける

❶前・後ろ身頃を中表に合わせて脇でそろえ、左右の肩を縫う

後ろ中心

後ろ身頃（表）

前身頃B（裏） 前身頃A（表） 前身頃A（裏）

4 衿ぐりを折る

❶前身頃の肩の縫い止まりから衿ぐり
の印までアイロンで折り筋をつける

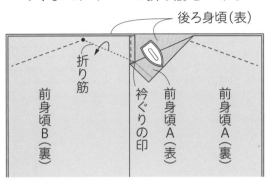

❷折り筋に沿って
伸びどめテープを貼る

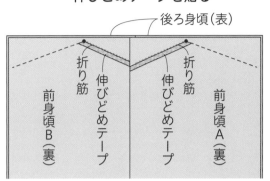

❸後ろ身頃に折り筋をつけ、伸びどめ
テープを貼る（P.31-**4**❶❷）

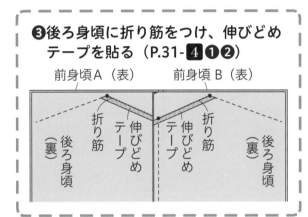

❹後ろ身頃の中心の縫い代を割る

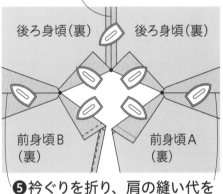

❺衿ぐりを折り、肩の縫い代を
割る

5 衿ぐりを縫う

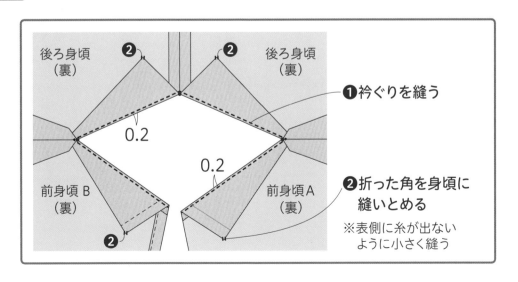

❶衿ぐりを縫う

❷折った角を身頃に
縫いとめる

※表側に糸が出ない
ように小さく縫う

⑥ 脇を縫い、袖をつける

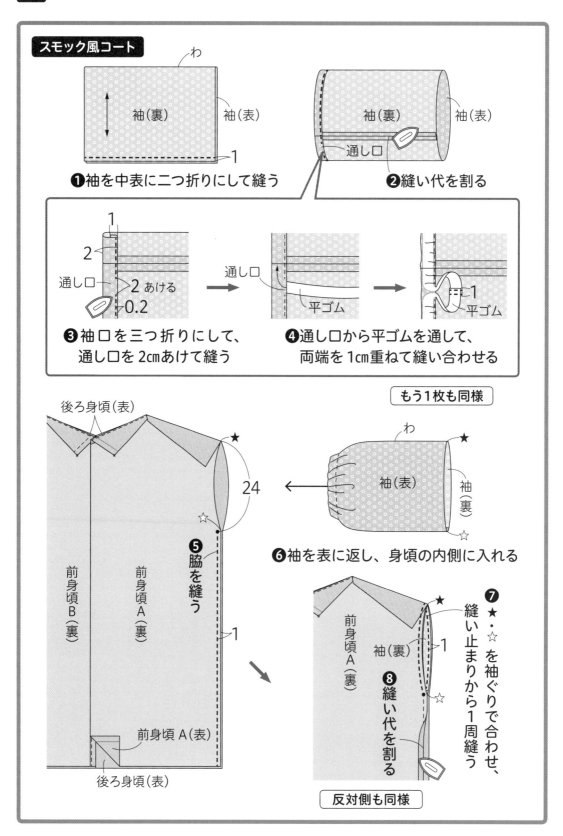

スモック風コート

❶袖を中表に二つ折りにして縫う

❷縫い代を割る

❸袖口を三つ折りにして、通し口を2cmあけて縫う

❹通し口から平ゴムを通して、両端を1cm重ねて縫い合わせる

もう1枚も同様

❺脇を縫う

❻袖を表に返し、身頃の内側に入れる

❼★・☆を袖ぐりで合わせ、縫い止まりから1周縫う

❽縫い代を割る

反対側も同様

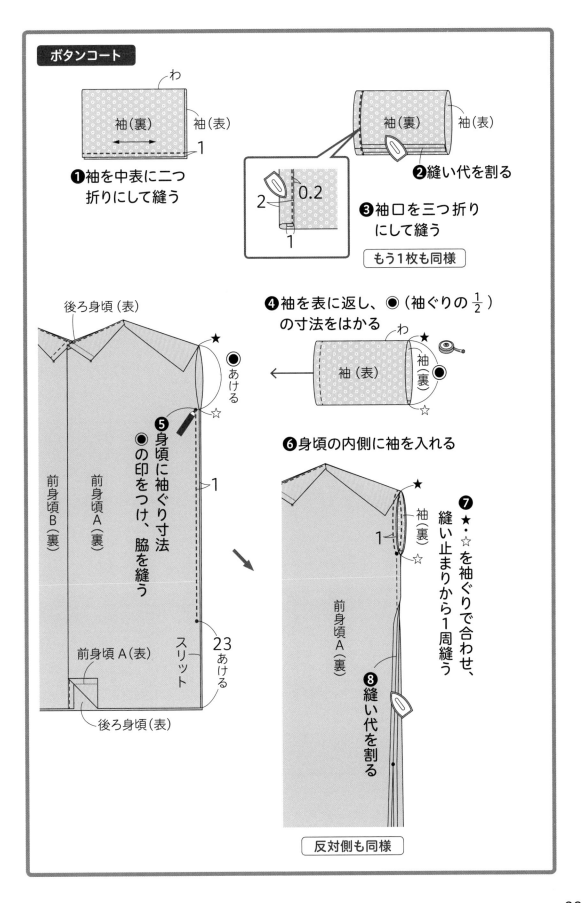

ボタンコート

❶ 袖を中表に二つ折りにして縫う

袖（裏）　袖（表）　わ　1

❷ 縫い代を割る

袖（裏）　袖（表）

❸ 袖口を三つ折りにして縫う

2　0.2　1

もう1枚も同様

❹ 袖を表に返し、◉（袖ぐりの $\frac{1}{2}$）の寸法をはかる

袖（表）　袖（裏）　わ　★　◉　☆

❺ 身頃に袖ぐり寸法◉の印をつけ、脇を縫う

後ろ身頃（表）
★　◉あける
☆
1
前身頃B（裏）　前身頃A（裏）
前身頃A（表）
スリット
23あける
後ろ身頃（表）

❻ 身頃の内側に袖を入れる

★　袖（裏）　1　☆
前身頃A（裏）

❼ ★・☆を袖ぐりで合わせ、縫い止まりから1周縫う

❽ 縫い代を割る

反対側も同様

7 スナップボタンをつけ、裾を縫う

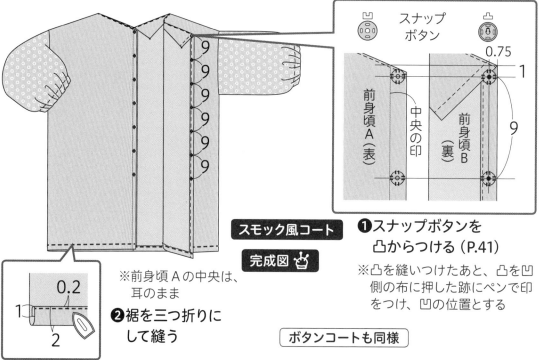

スナップボタン

0.75
1
前身頃A（表）
中央の印
前身頃B（裏）
9

スモック風コート
完成図

※前身頃Aの中央は、耳のまま

0.2
1
2

❷裾を三つ折りにして縫う

❶スナップボタンを凸からつける（P.41）

※凸を縫いつけたあと、凸を凹側の布に押した跡にペンで印をつけ、凹の位置とする

ボタンコートも同様

8 飾り用のボタンとポケットをつける

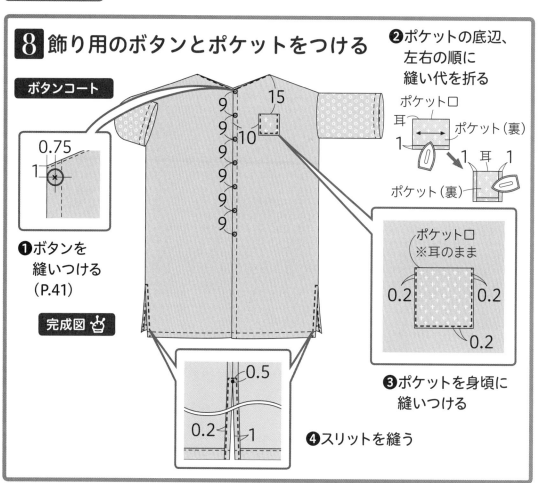

ボタンコート

0.75
1

❶ボタンを縫いつける（P.41）

完成図

9
9
9
9
9
9
15
10

0.5
0.2
1

❷ポケットの底辺、左右の順に縫い代を折る

ポケット口
耳
1
ポケット（裏）

1　耳　1
ポケット（裏）

ポケット口
※耳のまま
0.2　0.2
0.2

❸ポケットを身頃に縫いつける

❹スリットを縫う

スナップボタンのつけ方

※凸を縫いつけたあと、凸を凹側の布に押した跡にペンで印をつけ、凹の位置とする

❶つけ位置の中心から少しはずして、1 針すくう

❷中央の穴にマチ針を通してとめ、縫い針をスナップボタンの穴に通す

❸布を 1 針すくい、スナップボタンの穴に通す

❹糸で輪を作り、下から針をくぐらせる工程を 3 〜 5 回繰り返す

❺布を 1 針すくって次の穴に移動し、❸❹を繰り返す

❻縫い終わりの穴のきわに玉どめを作る

❼玉どめをスナップボタンの下に入れて糸を切ってマチ針を外す

ボタンのつけ方

【2つ・4つ穴ボタン】

4つ穴は、もう 2 つの穴も同様

つけ位置の中心　玉結び　糸 2 本どり

❶つけ位置の中心を 1 針すくい、ボタンの穴に糸を通す

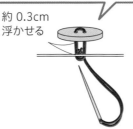

約 0.3cm 浮かせる

❷約 0.3cm ボタンを浮かせ、3、4 回穴に糸を通す

【足つきボタン】

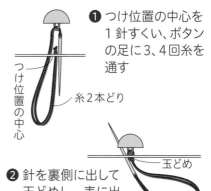

つけ位置の中心　糸 2 本どり　玉どめ

❶つけ位置の中心を 1 針すくい、ボタンの足に 3、4 回糸を通す

❷針を裏側に出して玉どめし、表に出して糸を切る

❸糸を表に出し、浮かせた部分に、糸を 2、3 回巻きつける

着物地（表）

❹糸で作った輪に針を通し、輪をしぼりながら糸を締める

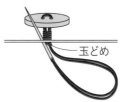

玉どめ

❺針を裏側に出して玉どめし、表に出して糸を切る

単位は㎝
Zは着物幅（幅は着物によって異なる）
⟷ 布のたて地の方向
〰〰 縁かがり縫い（裁ち図のみに記載）

----- 解説している縫い線
----- 縫い終えた線
●---- 縫い止まり
—・— 中心線

ロングベスト

120

写真 P.13

材料
●着物…1枚

裁ち図 ✂

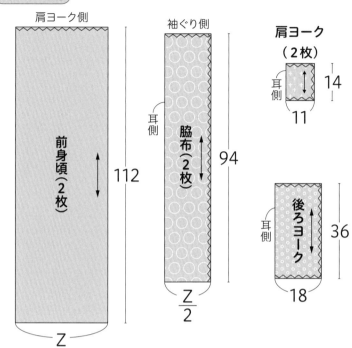

肩ヨーク側

前身頃（2枚）

112

Z

袖ぐり側

耳側

脇布（2枚）

94

Z/2

肩ヨーク
（2枚）

耳側

14

11

後ろヨーク

耳側

36

18

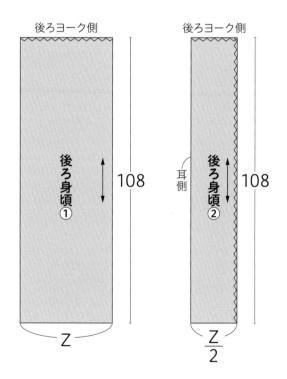

後ろヨーク側

後ろ身頃①

耳側

108

Z

後ろヨーク側

後ろ身頃②

耳側

108

Z/2

ベスト

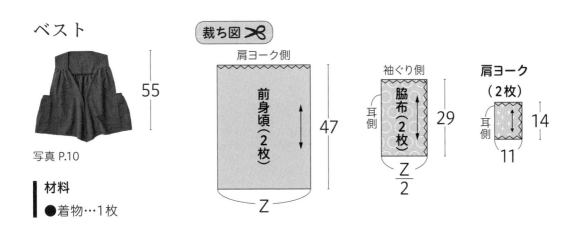

写真 P.10

材料
●着物…1枚

55

裁ち図 ✂

肩ヨーク側

前身頃（2枚）

47

Z

袖ぐり側

脇布（2枚）

耳側

29

$\frac{Z}{2}$

肩ヨーク（2枚）

耳側

14

11

後ろヨーク側

後ろ身頃①

43

Z

後ろヨーク側

後ろ身頃②

耳側

43

$\frac{Z}{2}$

後ろヨーク

耳側

36

18

作り方 👑 ロングベスト・ベスト共通

1 後ろ身頃を縫う

❶後ろ身頃①②を中表に
　合わせて縫う

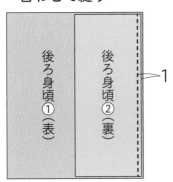

後ろ身頃①（表）

後ろ身頃②（裏）

1

❷後ろ身頃をひらいて
　縫い代を割る

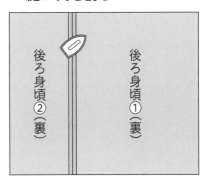

後ろ身頃②（裏）

後ろ身頃①（裏）

2 後ろ身頃にギャザーをよせる

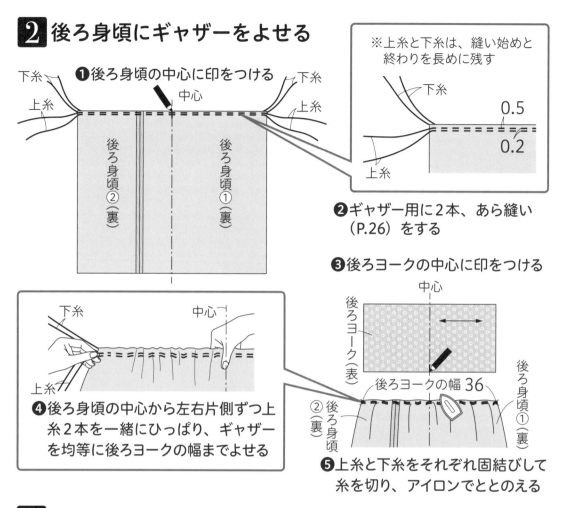

❶後ろ身頃の中心に印をつける

後ろ身頃②（裏）　中心　後ろ身頃①（裏）

下糸　上糸　下糸　上糸

※上糸と下糸は、縫い始めと終わりを長めに残す

下糸　上糸　0.5　0.2

❷ギャザー用に2本、あら縫い（P.26）をする

❸後ろヨークの中心に印をつける

中心　後ろヨーク（表）

後ろヨークの幅 36

②後ろ身頃（裏）　後ろ身頃①（裏）

下糸　上糸　中心

❹後ろ身頃の中心から左右片側ずつ上糸2本を一緒にひっぱり、ギャザーを均等に後ろヨークの幅までよせる

❺上糸と下糸をそれぞれ固結びして糸を切り、アイロンでととのえる

3 後ろ身頃と後ろヨークを縫い合わせる

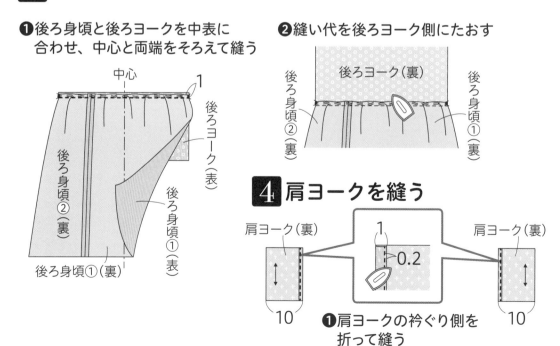

❶後ろ身頃と後ろヨークを中表に合わせ、中心と両端をそろえて縫う

中心　1

後ろ身頃②（裏）　後ろヨーク（表）　後ろ身頃①（表）　後ろ身頃①（裏）

❷縫い代を後ろヨーク側にたおす

後ろヨーク（裏）

後ろ身頃②（裏）　後ろ身頃①（裏）

4 肩ヨークを縫う

肩ヨーク（裏）　1　0.2　肩ヨーク（裏）

10　10

❶肩ヨークの衿ぐり側を折って縫う

5 後ろヨークに肩ヨークを縫い合わせ、後ろ衿ぐりを縫う

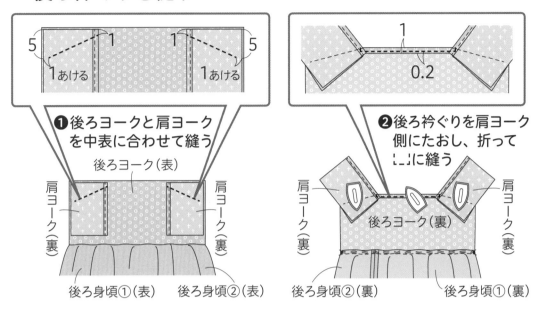

❶後ろヨークと肩ヨークを中表に合わせて縫う

5　1あける　1　1　5　1あける

後ろヨーク（表）

肩ヨーク（裏）　肩ヨーク（裏）

後ろ身頃①（表）　後ろ身頃②（表）

❷後ろ衿ぐりを肩ヨーク側にたおし、折って └┘に縫う

1　0.2

肩ヨーク（裏）　後ろヨーク（裏）　肩ヨーク（裏）

後ろ身頃②（裏）　後ろ身頃①（裏）

6 前身頃の衿ぐりを縫ってギャザーをよせ、肩ヨークを縫い合わせる

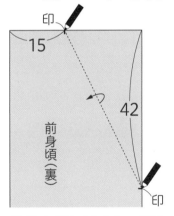

❶前身頃に衿ぐりの印をつけて折る

印　15　42　前身頃（裏）　印

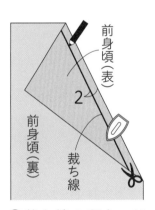

❷裁ち線の印をつけて裁つ

前身頃（表）　前身頃（裏）　2　裁ち線

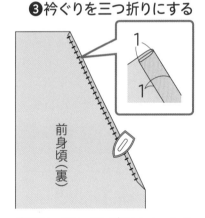

❸衿ぐりを三つ折りにする

1　1

❹表に縫い目が出ないようにまつり縫い（P.25）する

前身頃（裏）

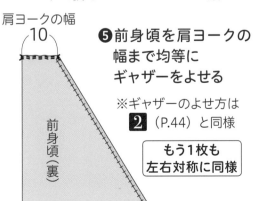

肩ヨークの幅　10

前身頃（裏）

❺前身頃を肩ヨークの幅まで均等にギャザーをよせる

※ギャザーのよせ方は **2**（P.44）と同様

もう1枚も左右対称に同様

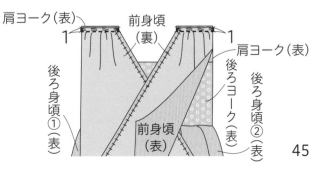

❻前身頃を肩ヨークの両端でそろえ、中表に合わせて縫う

肩ヨーク（表）　前身頃（裏）　1　1　肩ヨーク（表）

後ろヨーク①（表）　後ろヨーク②（表）　前身頃（裏）

7 脇布を縫う

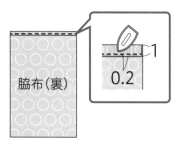

❶脇布の袖ぐり側を
折って縫う

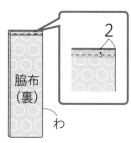

❷脇布を中表に二
つ折りにして、
タックを縫う

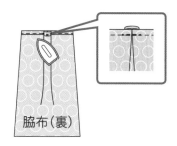

❸脇布をひらいてタックをたた
み、表から押さえ縫いする

もう1枚も同様

8 脇布を身頃に縫いつけ、袖ぐりを縫う

❶前身頃を肩ヨーク側にたおす

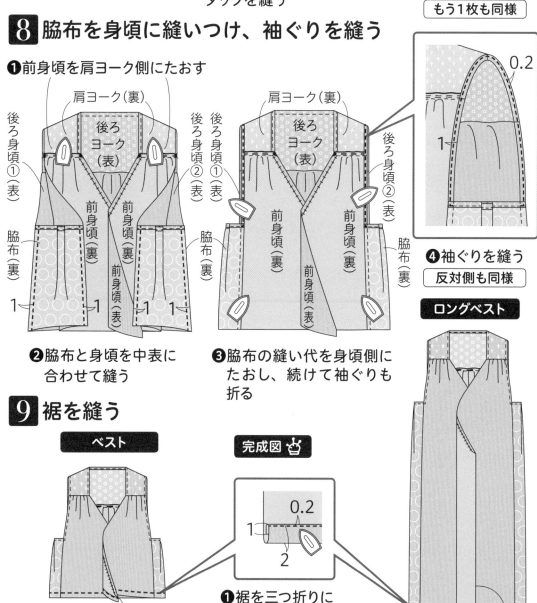

❷脇布と身頃を中表に
合わせて縫う

❸脇布の縫い代を身頃側に
たおし、続けて袖ぐりも
折る

❹袖ぐりを縫う

反対側も同様

ロングベスト

9 裾を縫う

ベスト

完成図

※前中央は耳のまま

❶裾を三つ折りに
して縫う

※前中央は耳のまま

ふわりチュニック
ふわりブラウス

単位はcm
Zは着物幅（幅は着物によって異なる）
←→ 布のたて地の方向
〰〰 縁かがり縫い（裁ち図のみに記載）

‥‥‥ 解説している縫い線
----- 縫い終えた線
●--- 縫い止まり
—・— 中心線

ふわりチュニック

写真 P.14

材料

- ●着物（作品の上身頃は八掛）…1枚
- ●直径0.6cmの
  スナップボタン…1組

裁ち図 ✂

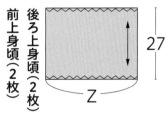

後ろ上身頃（2枚）
前上身頃（2枚）
27
Z

ウエスト側
前下身頃①（2枚）
後ろ下身頃①（2枚）
54
Z

ウエスト側
前下身頃②
後ろ下身頃②
54
耳側
Z/2

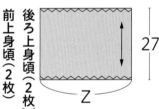

ふわりブラウス

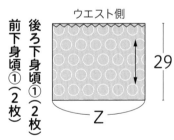

写真 P.17

材料

- ●着物（作品は胴裏）…1枚
- ●1.5cm幅の平ゴム
  …22cm×2本
- ●直径0.6cmの
  スナップボタン
  …1組

裁ち図 ✂

後ろ上身頃（2枚）
前上身頃（2枚）
27
Z

ウエスト側
前下身頃①（2枚）
後ろ下身頃①（2枚）
29
Z

ウエスト側
前下身頃②
後ろ下身頃②
29
耳側
Z/2

袖ぐり側
上部袖（2枚）
48
Z

袖ぐり側
下部袖（2枚）
48
耳側
Z/2

1 前上身頃に印をつけて縫う

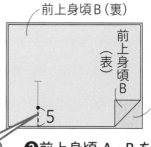

❶前上身頃Aの表側と前上身頃Bの
裏側に、中心と衿ぐりの印をつける

❷前上身頃A・Bを
中表に合わせて
中心を5cm縫う

❸前上身頃をひらいて
縫い代を片側に
たおし、下端を
押さえ縫いする

2 後ろ上身頃の中心を縫う

❶後ろ上身頃を中表に
合わせて中心を縫う

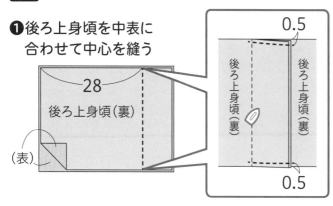

❷後ろ上身頃をひらいて、
縫い代を片側にたおし、
上・下端を押さえ縫いする

3 肩を縫う

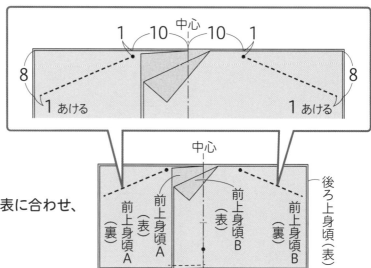

❶前・後ろ上身頃を中表に合わせ、
左右の肩を縫う

4 衿ぐりを縫う

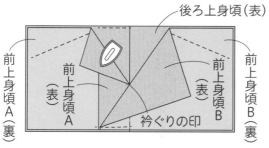

❶前上身頃Bの肩の縫い止まりから衿ぐりの印、
続けて下端までアイロンで折り筋をつける

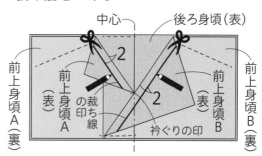

❷前上身頃Aの肩の縫い目の端から
衿ぐりの印までアイロンで折り筋を
つける

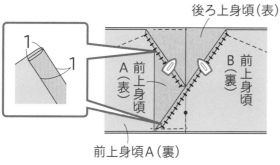

❸衿ぐりに裁ち線の印をつけて裁つ

※衿ぐりの裁ち線を裁つ前に、左右の衿ぐりの
印が中心でそろっているか確認する

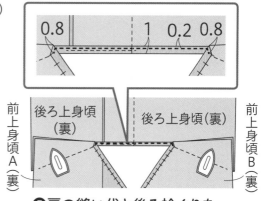

❹衿ぐりを三つ折りにし、表に縫い目が
出ないようにまつり縫い（P.25）する

❺肩の縫い代と後ろ衿ぐりを
後ろ上身頃側にたおし、
衿ぐりを□□に縫う

5 下身頃を縫う

❶前下身頃①②を中表に合わせて3枚縫う　後ろ下身頃も同様

6 下身頃にギャザーをよせる

❶前下身頃に4等分の印をつける

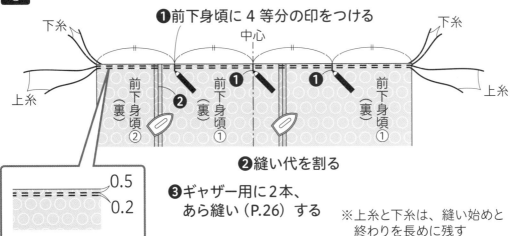

❷縫い代を割る

❸ギャザー用に2本、
　あら縫い（P.26）する

0.5
0.2

※上糸と下糸は、縫い始めと
　終わりを長めに残す

後ろ上身頃（表）　中心　後ろ上身頃（表）

A 前上身頃（裏）　B 前上身頃（裏）

❹前上身頃に4等
　分の印をつける

上身頃の幅
56

印　印　印

前下身頃①（裏）　前下身頃①（裏）

前下身頃②（裏）

中心
下糸
上糸

❺前下身頃の中心から左右片
　側ずつ上糸2本を一緒に
　引っぱり、上身頃の印に合
　わせながらギャザーを均等
　に上身頃の幅までよせる

❻上糸と下糸をそれぞれ固結びして
　糸を切り、アイロンでととのえる

後ろ身頃も同様

7 ウエストを縫う

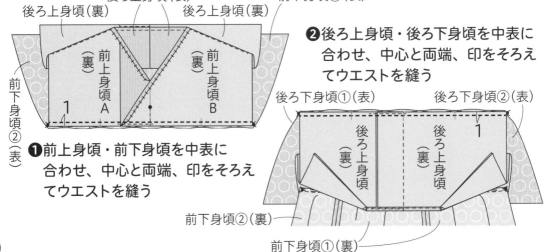

後ろ上身頃（裏）　後ろ上身頃（表）　前下身頃①（表）
後ろ上身頃（裏）

前上身頃（裏）A　前上身頃（裏）B

前下身頃②（表）

1

❶前上身頃・前下身頃を中表に
　合わせ、中心と両端、印をそろえ
　てウエストを縫う

❷後ろ上身頃・後ろ下身頃を中表に
　合わせ、中心と両端、印をそろえ
　てウエストを縫う

後ろ下身頃①（表）　後ろ下身頃②（表）

後ろ上身頃（裏）　後ろ上身頃（裏）

1

前下身頃②（裏）

前下身頃①（裏）

8 脇を縫い、袖をつける

ふわりブラウス

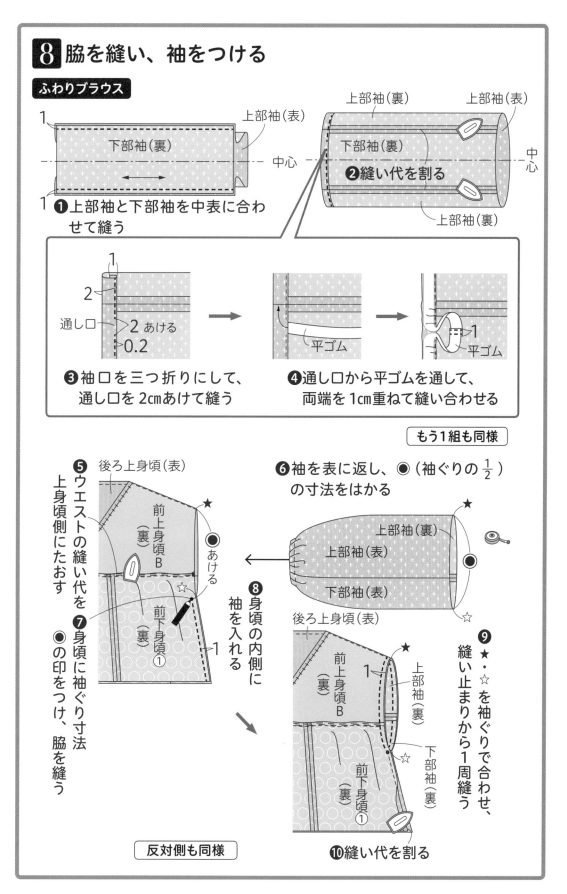

❶上部袖と下部袖を中表に合わせて縫う

❷縫い代を割る

❸袖口を三つ折りにして、通し口を2cmあける

❹通し口から平ゴムを通して、両端を1cm重ねて縫い合わせる

もう1組も同様

❺ウエストの縫い代を上身頃側にたおす

❻袖を表に返し、◎（袖ぐりの½）の寸法をはかる

❼身頃に袖ぐり寸法◎の印をつけ、脇を縫う

❽身頃の内側に袖を入れる

❾★・☆を袖ぐりで合わせ、縫い止まりから1周縫う

❿縫い代を割る

反対側も同様

8 脇と袖ぐりを縫う

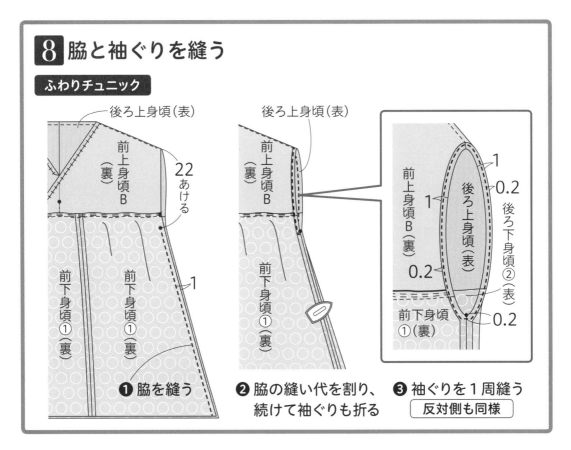

後ろ上身頃（表）

前上身頃B（裏）

22あける

前下身頃①（裏）

前下身頃①（裏）

1

❶ 脇を縫う

後ろ上身頃（表）

前上身頃B（裏）

前下身頃①（裏）

❷ 脇の縫い代を割り、続けて袖ぐりも折る

前上身頃B（裏）

後ろ上身頃（表）

後ろ下身頃②（表）

前下身頃①（裏）

1

0.2

1

0.2

0.2

0.2

❸ 袖ぐりを1周縫う

反対側も同様

9 スナップボタンをつけ、裾を縫う

❶スナップボタンを凸からつける（P.41）

※凸を縫いつけたあと、凸を凹側の布に押した跡にペンで印をつけ、凹の位置とする

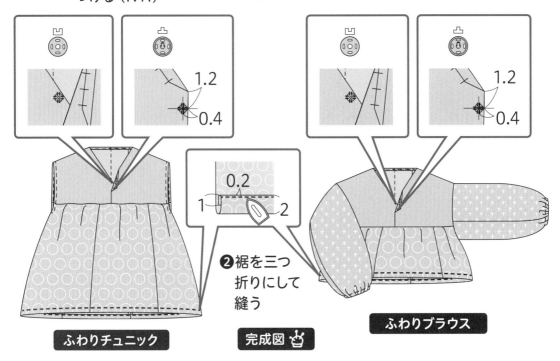

1.2

0.4

1.2

0.4

0.2

1

2

❷裾を三つ折りにして縫う

ふわりチュニック

完成図

ふわりブラウス

52

単位はcm
Zは着物幅（幅は着物によって異なる）
◄──► 布のたて地の方向
〰〰 縁かがり縫い（裁ち図のみに記載）

----- 解説している縫い線
----- 縫い終えた線
●---- 縫い止まり
—・— 中心線

タックパンツ

80

写真 P.18

材料

- ●着物…1枚
- ●1.2cm幅の伸びどめテープ
  （片面アイロン接着 P.28）
  …適宜
- ●2cm幅の平ゴム…25cm
- ●2cm幅のボタンホールゴム…20cm
- ●直径1.5cmのボタン…1個

裁ち図 ✂

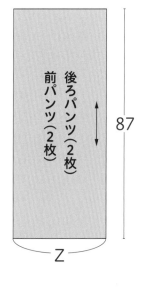

後ろパンツ（2枚）
前パンツ（2枚）

87

Z

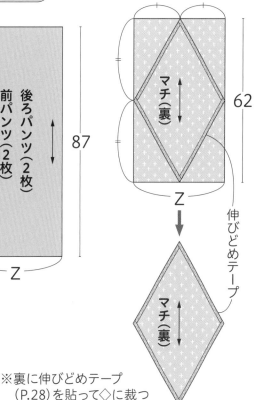

マチ（裏）

62

Z

伸びどめテープ

マチ（裏）

※裏に伸びどめテープ
　（P.28）を貼って◇に裁つ

タックスカート

85

写真 P.21

材料

- ●着物…1枚
- ●2cm幅の平ゴム…25cm
- ●2cm幅のボタンホールゴム
  …20cm
- ●直径1.5cmのボタン…1個

裁ち図 ✂

後ろスカート（2枚）
前スカート（2枚）

92

Z

─ MEMO ─

ボタンホールゴム

ボタンホールがあいている平
ゴム。ボタンのかけ位置でウ
エストのサイズが調節できる。

1 前・後ろパンツ／前・後ろスカートの中心とタックを縫う

タックパンツ

❶前パンツを中表に合わせ、
　中心を縫う

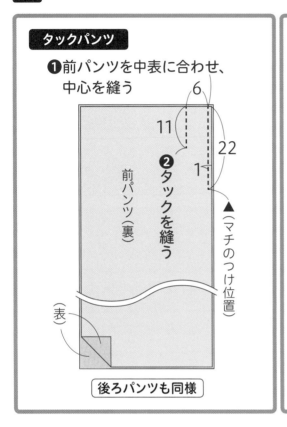

6
11
22
❷タックを縫う
1
前パンツ(裏)
▲(マチのつけ位置)
(表)

後ろパンツも同様

タックスカート

❶前スカートを中表に合わせ、
　中心を縫う

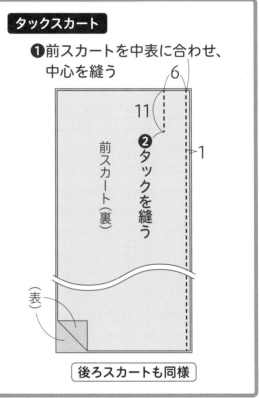

6
11
❷タックを縫う
1
前スカート(裏)
(表)

後ろスカートも同様

2 前ウエストタックを縫う

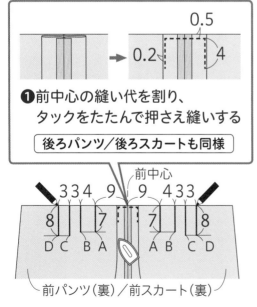

0.5
→
0.2
4

❶前中心の縫い代を割り、
　タックをたたんで押さえ縫いする

後ろパンツ／後ろスカートも同様

前中心
3 3 4　9　9　4 3 3
8　　7　　7　　8
D C　B A　A B　C D

前パンツ(裏)／前スカート(裏)

❷前ウエストにタックの印をつける

❸ AとB、CとDをそれぞれ重ね
　てタックを縫う

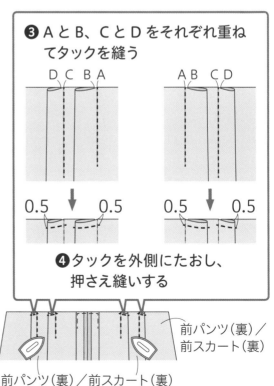

D C B A　　　　A B C D
↓
0.5　　0.5　　　0.5　　0.5

❹タックを外側にたおし、
　押さえ縫いする

前パンツ(裏)／
前スカート(裏)

前パンツ(裏)／前スカート(裏)

3 ウエストと脇を縫う

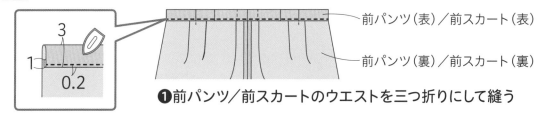

- 前パンツ（表）／前スカート（表）
- 前パンツ（裏）／前スカート（裏）

❶前パンツ／前スカートのウエストを三つ折りにして縫う

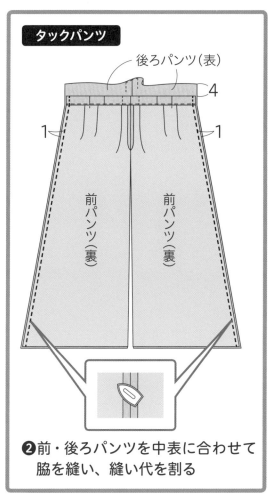

タックパンツ

後ろパンツ（表）

前パンツ（裏）　前パンツ（裏）

❷前・後ろパンツを中表に合わせて脇を縫い、縫い代を割る

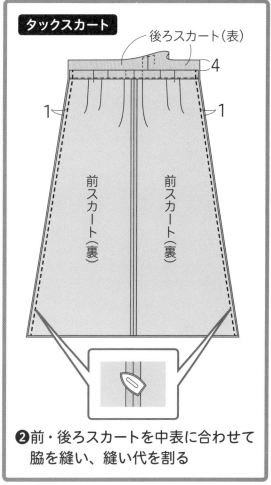

タックスカート

後ろスカート（表）

前スカート（裏）　前スカート（裏）

❷前・後ろスカートを中表に合わせて脇を縫い、縫い代を割る

4 パンツのマチに印をつける

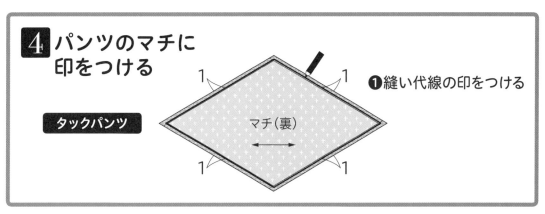

タックパンツ

マチ（裏）

❶縫い代線の印をつける

5 パンツにマチを縫いつけ、股下を縫う

タックパンツ

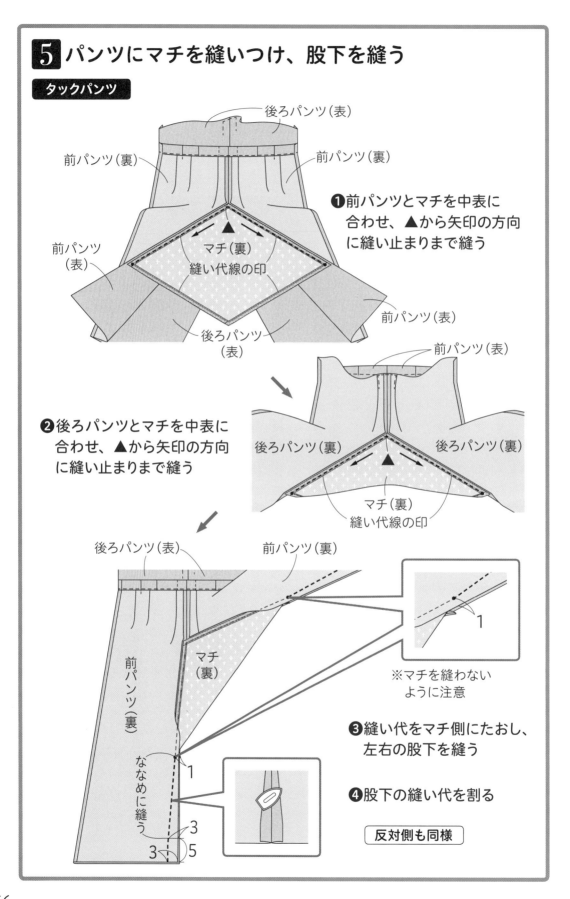

後ろパンツ（表）

前パンツ（裏）

前パンツ（裏）

前パンツ（表）

マチ（裏）

縫い代線の印

後ろパンツ（表）

前パンツ（表）

❶前パンツとマチを中表に合わせ、▲から矢印の方向に縫い止まりまで縫う

前パンツ（表）

後ろパンツ（裏）

後ろパンツ（裏）

マチ（裏）

縫い代線の印

❷後ろパンツとマチを中表に合わせ、▲から矢印の方向に縫い止まりまで縫う

後ろパンツ（表）

前パンツ（裏）

前パンツ（裏）

マチ（裏）

前パンツ（裏）

ななめに縫う

1

3

3

5

1

※マチを縫わないように注意

❸縫い代をマチ側にたおし、左右の股下を縫う

❹股下の縫い代を割る

反対側も同様

56

6 ウエストと裾を縫う

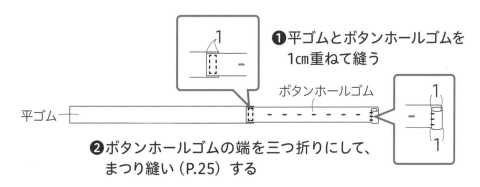

❶平ゴムとボタンホールゴムを
1cm重ねて縫う

ボタンホールゴム

平ゴム

❷ボタンホールゴムの端を三つ折りにして、
まつり縫い（P.25）する

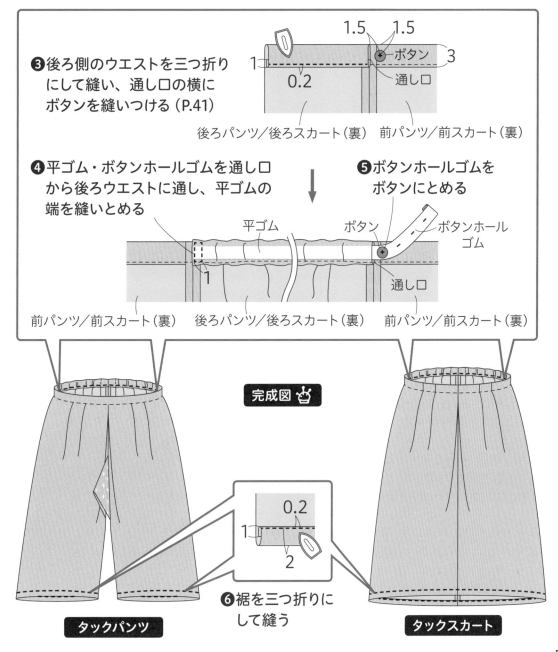

❸後ろ側のウエストを三つ折り
にして縫い、通し口の横に
ボタンを縫いつける（P.41）

1.5　1.5

1　ボタン　3

0.2　通し口

後ろパンツ／後ろスカート（裏）　前パンツ／前スカート（裏）

❹平ゴム・ボタンホールゴムを通し口
から後ろウエストに通し、平ゴムの
端を縫いとめる

❺ボタンホールゴムを
ボタンにとめる

平ゴム　ボタン　ボタンホール
ゴム

1　通し口

前パンツ／前スカート（裏）　後ろパンツ／後ろスカート（裏）　前パンツ／前スカート（裏）

完成図

タックパンツ

0.2

1

2

❻裾を三つ折りに
して縫う

タックスカート

パンツ

単位はcm
Zは着物幅（幅は着物によって異なる）
←→ 布のたて地の方向
〰〰 縁かがり縫い（裁ち図のみに記載）

---- 解説している縫い線
----- 縫い終えた線
●---- 縫い止まり
—・— 中心線

パンツ

79

写真 P.14

材料
● 着物…1枚
● 1.2cm幅の伸びどめテープ
　（片面アイロン接着 P.28）…適宜
● 2cm幅の平ゴム…適宜
　（ウエスト +1cmを調整）

【裁ち図 ✂】

後ろパンツ（2枚）
前パンツ（2枚）

86

Z

マチ（裏）

62

Z

伸びどめテープ

マチ（裏）

※裏に伸びどめテープ
（P.28）を貼って◇に裁つ

【作り方 👑】

1 パンツの中心とタックを縫う

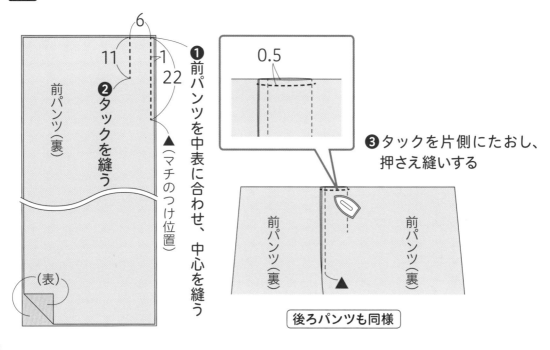

前パンツ（裏）

6
11　1
22

❷タックを縫う

▲（マチのつけ位置）

（表）

❶ 前パンツを中表に合わせ、中心を縫う

0.5

❸ タックを片側にたおし、押さえ縫いする

前パンツ（裏）

前パンツ（裏）

▲

後ろパンツも同様

2 前・後ろパンツを縫い合わせる

❶前・後ろパンツを中表に合わせ、左右の脇と裾のタックを縫う

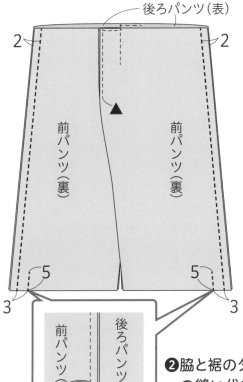

後ろパンツ（表）

2

前パンツ（裏）

前パンツ（裏）

▲

5
3

5
3

❷脇と裾のタックの縫い代を、後ろパンツ側にたおす

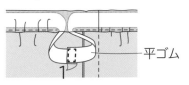

前パンツ（裏）
前パンツ（裏）
後ろパンツ（裏）

3 マチに印をつける（P.55- 4 ）

1   1
マチ（裏）
1   1

4 マチを縫いつけ、股下を縫う（P.56- 5 ）

▲
マチ（裏）
後ろパンツ（裏）

前パンツ（裏）
後ろパンツ（表）
前パンツ（裏）
マチ（裏）

1
3
5
3

5 ウエストと裾を縫う

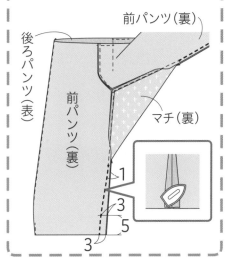

通し口
3
1
2.5 あける   0.2
平ゴム

❶ウエストを三つ折りにし、通し口を2.5cmあけて縫い、平ゴムを通す

平ゴム
1

❷通した平ゴムの両端を1cm重ねて縫い合わせる

完成図 🍅

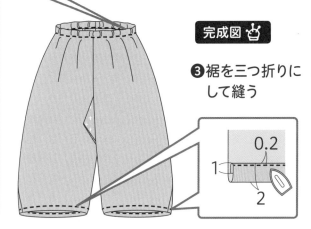

❸裾を三つ折りにして縫う

0.2
1
2

単位はcm
Zは着物幅（幅は着物によって異なる）
◄────► 布のたて地の方向
〰〰〰 縁かがり縫い（裁ち図のみに記載）

╌╌╌ 解説している縫い線
╌╌╌ 縫い終えた線
●╌╌ 縫い止まり
─ ╌ ─ 中心線

ロングスカート

写真 P.17

90

材料
● 着物…1枚
● 2cm幅の平ゴム…適宜
　（ウエスト +1cmを調整）
● 1cm幅のリボン…170cm
● 1cm幅用のループエンド
　…2個

─ MEMO ─

ループエンド

リボンの先端に
つける玉状の飾
り。紐の先端の
結びをほつれに
くくする。

裁ち図 ✂

後ろスカート（2枚）
前スカート（2枚）

97

Z

作り方 🐰

1 前・後ろスカートの中心を縫う

1

4.5

通し口

2
あける

前スカート（裏）

（表）

❶ 前スカートを中表に合わせ、通し口を2cmあけて縫う

1

後ろスカート（裏）

（表）

❷ 後ろスカートを中表に合わせて縫う

2 脇を縫う

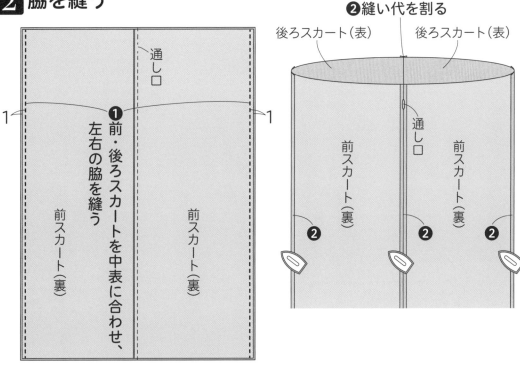

❷縫い代を割る

後ろスカート（表）　　後ろスカート（表）

通し口

前スカート（裏）　前スカート（裏）

❷　❷　❷

1　　　　　　　　　　　　1

通し口

❶前・後ろスカートを中表に合わせ、左右の脇を縫う

前スカート（裏）　前スカート（裏）

3 ウエストと裾を縫う

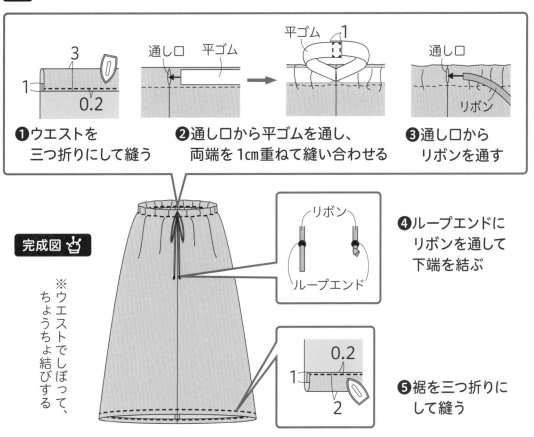

3

1

0.2

❶ウエストを三つ折りにして縫う

通し口　平ゴム

❷通し口から平ゴムを通し、両端を1㎝重ねて縫い合わせる

平ゴム　1

❸通し口からリボンを通す

通し口

リボン

完成図

※ウエストでしぼって、ちょうちょ結びする

リボン

ループエンド

❹ループエンドにリボンを通して下端を結ぶ

0.2

1

2

❺裾を三つ折りにして縫う

ゆらりブラウス
ゆらりブラウス ウエストしぼり

単位はcm
Zは着物幅（幅は着物によって異なる）
布のたて地の方向
縁かがり縫い（裁ち図のみに記載）

・・・・ 解説している縫い線
──── 縫い終えた線
●──● 縫い止まり
─・─ 中心線

ゆらりブラウス

60

写真 P.18

材料

● 着物…1枚
● 直径1.2cmのボタンとループ…2組

┌─ MEMO ─┐

ボタンループ

写真は市販のボタンループ。ボタンの色や大きさに合わせて、伸縮性のあるリボンや紐、丸ゴムを二つ折りにして代用してもよい。

裁ち図 ✂

衿ぐり側

後ろ身頃（2枚）
前身頃（2枚）

56

Z

肩ヨーク（2枚）

耳側

18

25

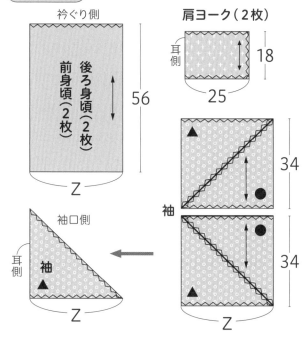

34

袖

34

袖口側

耳側

袖 ▲

Z

※袖を4枚に裁ち●・▲どうしで1組にする
裁ったあとに縁かがり縫いする

ゆらりブラウス
ウエストしぼり

55

写真 P.21

材料

● 着物…1枚
● 1.5cm幅の平ゴム…84cm
● 直径1.2cmの
　くるみスナップボタン（P.35）…1組

裁ち図 ✂

衿ぐり側

後ろ身頃（2枚）
前身頃（2枚）

51

Z

肩ヨーク（2枚）

耳側

18

25

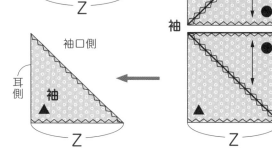

34

袖

34

袖口側

耳側

袖 ▲

Z

※袖を4枚に裁ち●・▲どうしで1組にする
裁ったあとに縁かがり縫いする

1 前・後ろ身頃の中心を縫う

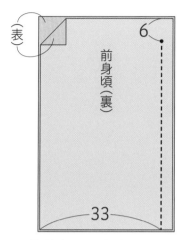

❶前身頃を中表に
　合わせ、中心を縫う

❷後ろ身頃を中表に
　合わせ、中心を縫う

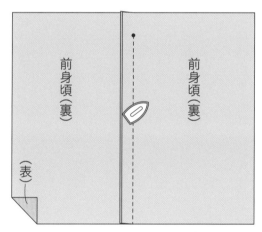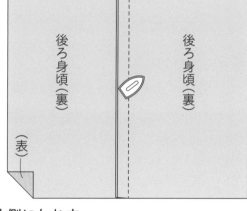

❸縫い代を片側にたおす

2 肩ヨークを縫う

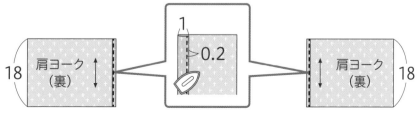

❶肩ヨークの衿ぐり側を折って縫う

3 前・後ろ身頃に肩ヨークを縫い合わせる

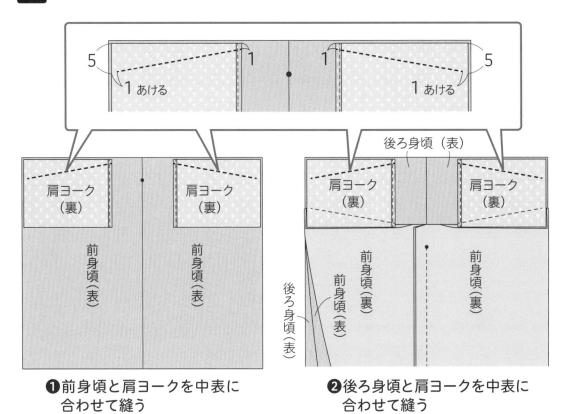

❶前身頃と肩ヨークを中表に
合わせて縫う

❷後ろ身頃と肩ヨークを中表に
合わせて縫う

4 衿ぐりを縫う

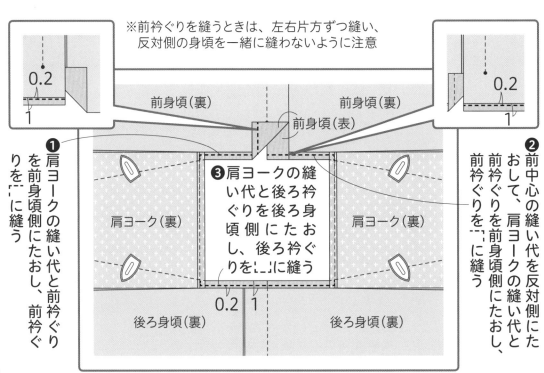

※前衿ぐりを縫うときは、左右片方ずつ縫い、
反対側の身頃を一緒に縫わないように注意

❶肩ヨークの縫い代と前衿ぐりを前身頃側にたおし、前衿ぐりを┊┊に縫う

❸肩ヨークの縫い代と後ろ衿ぐりを後ろ身頃側にたおし、後ろ衿ぐりを┊┊に縫う

❷前中心の縫い代を反対側にたおして、肩ヨークの縫い代と前衿ぐりを前身頃側にたおし、前衿ぐりを┊┊に縫う

5 身頃に袖を縫いつけ、脇を縫う

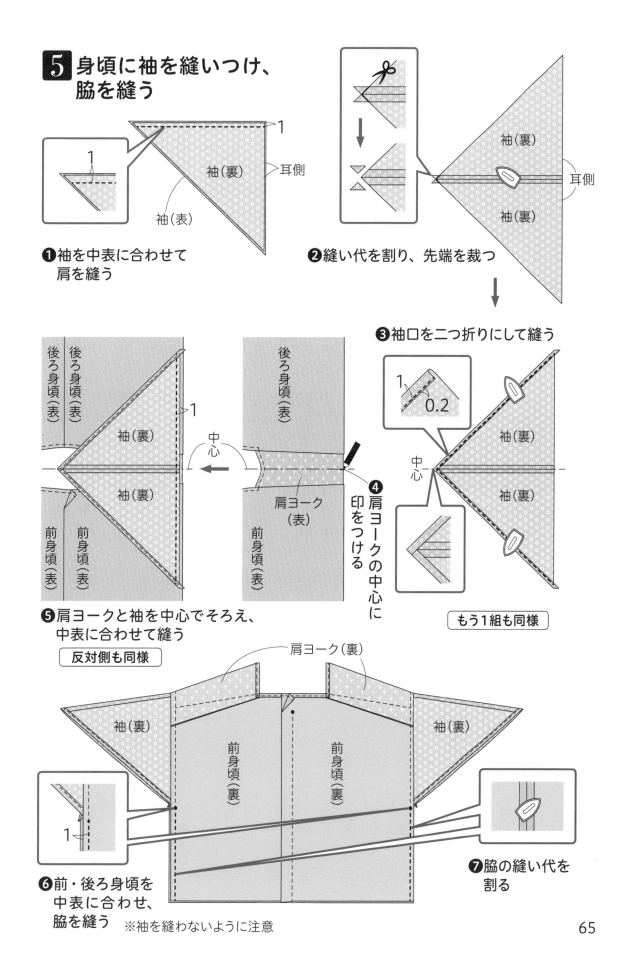

① 袖を中表に合わせて肩を縫う

袖（裏）
袖（表）
耳側
1

② 縫い代を割り、先端を裁つ

袖（裏）
袖（裏）
耳側

③ 袖口を二つ折りにして縫う

1　0.2
袖（裏）
袖（裏）
中心

もう1組も同様

④ 肩ヨークの中心に印をつける

後ろ身頃（表）
肩ヨーク（表）
前身頃（表）

⑤ 肩ヨークと袖を中心でそろえ、中表に合わせて縫う

反対側も同様

後ろ身頃（表）
後ろ身頃（表）
袖（裏）
袖（裏）
前身頃（表）
前身頃（表）
中心
1

⑥ 前・後ろ身頃を中表に合わせ、脇を縫う

肩ヨーク（裏）
袖（裏）
袖（裏）
前身頃（裏）
前身頃（裏）
1

⑦ 脇の縫い代を割る

※袖を縫わないように注意

6 ボタンをつけ、袖下と裾を縫う

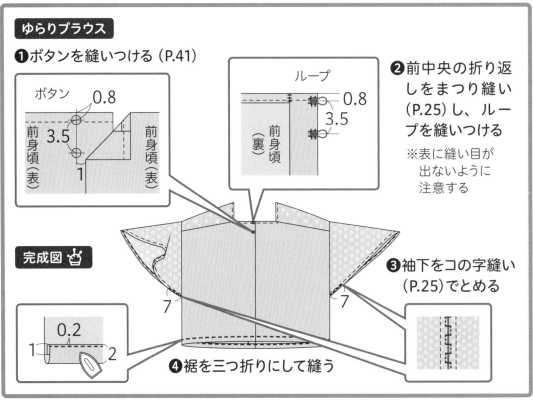

ゆらりブラウス

❶ボタンを縫いつける（P.41）

ボタン 0.8
前身頃（表） 3.5 前身頃（表） 1

ループ 0.8 3.5
前身頃（裏）

❷前中央の折り返しをまつり縫い（P.25）し、ループを縫いつける

※表に縫い目が出ないように注意する

完成図

0.2
1　2

❹裾を三つ折りにして縫う

7　7

❸袖下をコの字縫い（P.25）でとめる

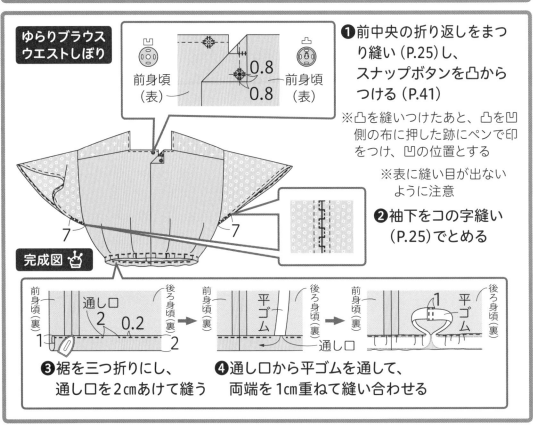

ゆらりブラウス ウエストしぼり

前身頃（表） 0.8 0.8 前身頃（表）

❶前中央の折り返しをまつり縫い（P.25）し、スナップボタンを凸からつける（P.41）

※凸を縫いつけたあと、凸を凹側の布に押した跡にペンで印をつけ、凹の位置とする

※表に縫い目が出ないように注意

❷袖下をコの字縫い（P.25）でとめる

7　7

完成図

前身頃（裏）　通し口 2　0.2　後ろ身頃（裏）
1　2

前身頃（裏）　平ゴム　後ろ身頃（裏）　通し口

前身頃（裏）　平ゴム 1　後ろ身頃（裏）

❸裾を三つ折りにし、通し口を2cmあけて縫う

❹通し口から平ゴムを通して、両端を1cm重ねて縫い合わせる

きものリュック

単位はcm
Zは着物幅（幅は着物によって異なる）
↔ 布のたて地の方向
〰〰 縁かがり縫い（裁ち図のみに記載）

----- 解説している縫い線
----- 縫い終えた線
●--- 縫い止まり
—・— 中心線

きものリュック

約42

写真 P.12

材料

- ●着物…1枚
- ●内袋・ポケット内用別布
  …裁ち図参照
- ●外袋・袋口用接着芯（片面接着）
  …裁ち図参照
- ●肩ベルト用の中綿…46.5×5cm 2枚
- ● 2.5cm幅の平紐
  …A-16cm ×2 本／ B-8cm ×2 本
  C-18cm ×2 本／ D-21cm
  E-35cm ×2 本／ F-Z 幅
- ● 2.5cm幅用のバックル（P.76）…2組
- ● 2.5cm幅用のアジャスター（P.76）
  …2個

裁ち図 ✂

※外袋と袋口の裏側に接着芯をアイロンで接着する

前外袋／後ろ外袋（表）　40　Z

前袋口／後ろ袋口（表）　22　Z

内袋（2枚）　60　Z

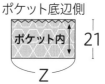

ポケット底辺側　ポケット　24　Z

ポケット底辺側　ポケット内　21　Z

持ち出し

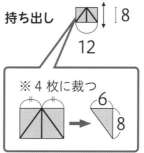

8　12

※ 4 枚に裁つ　6　8

肩ベルト（2枚）

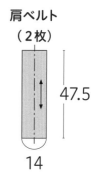

47.5　14

作り方 🐰

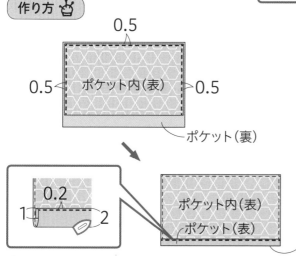

❶ポケットとポケット内を外表に合わせて3辺を縫い、ポケット口を三つ折りにして縫う

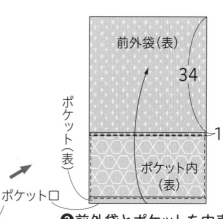

❷前外袋とポケットを中表に合わせて縫い、ポケットを上表に返す

❸平紐 A をバックルの差し込み側に通し、先端を
三つ折りにして２本縫い、前外袋の上辺に縫いつける

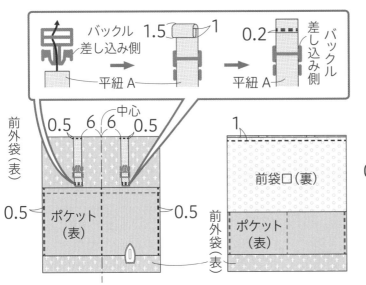

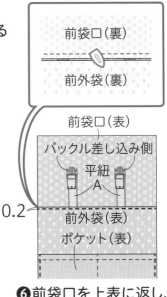

❹上表に返したポケットと前外袋
を合わせ、中心と両端を縫う

❺前外袋と前袋口を
中表に合わせて縫う

❻前袋口を上表に返し、
縫い代を前外袋側に
たおして表側から押
さえ縫いする

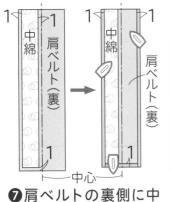

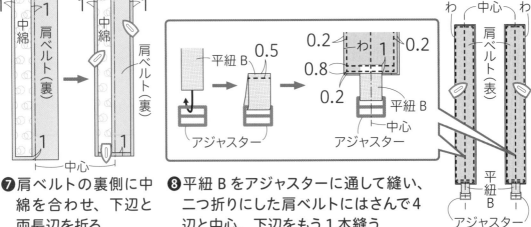

❼肩ベルトの裏側に中
綿を合わせ、下辺と
両長辺を折る

もう１組も同様

❽平紐 B をアジャスターに通して縫い、
二つ折りにした肩ベルトにはさんで４
辺と中心、下辺をもう１本縫う

※アジャスターに表裏が
ある場合、この状態で
表側を上にする

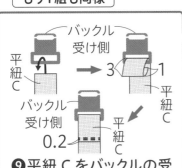

❾平紐 C をバックルの受
け側に通し、先端を三
つ折りにして２本縫う

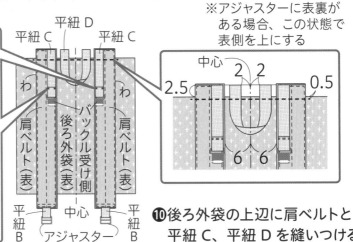

❿後ろ外袋の上辺に肩ベルトと
平紐 C、平紐 D を縫いつける

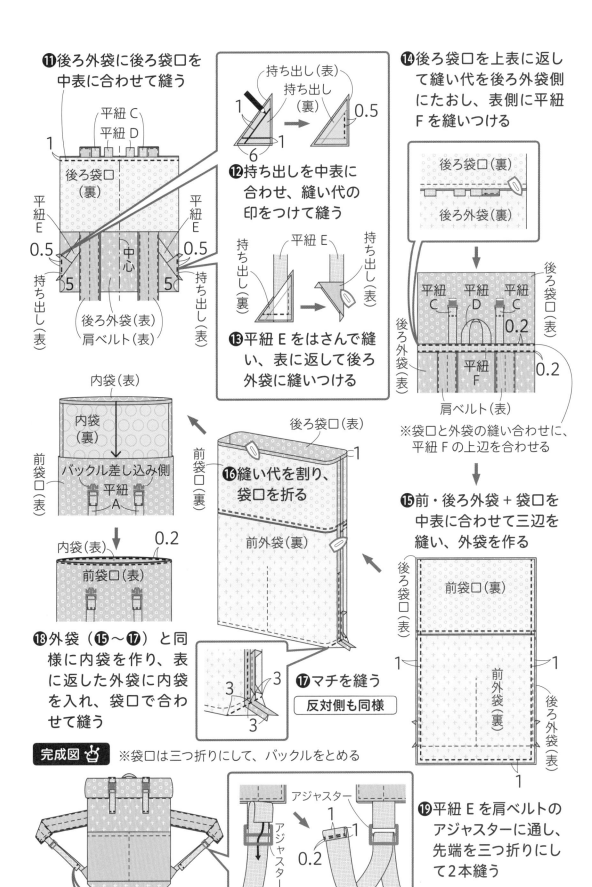

⓫後ろ外袋に後ろ袋口を中表に合わせて縫う

平紐C
平紐D
1
後ろ袋口（裏）
平紐E
平紐E
0.5
0.5
持ち出し（表）
5
中心
5
持ち出し（表）
後ろ外袋（表）
肩ベルト（表）

持ち出し（表）
持ち出し（裏）
1
6
1
0.5
⓬持ち出しを中表に合わせ、縫い代の印をつけて縫う

持ち出し（裏）
平紐E
持ち出し（表）
⓭平紐Eをはさんで縫い、表に返して後ろ外袋に縫いつける

⓮後ろ袋口を上表に返して縫い代を後ろ外袋側にたおし、表側に平紐Fを縫いつける

後ろ袋口（裏）
後ろ外袋（裏）

平紐C
平紐D
平紐C
後ろ袋口（表）
0.2
後ろ外袋（表）
平紐F
0.2
肩ベルト（表）

※袋口と外袋の縫い合わせに、平紐Fの上辺を合わせる

⓯前・後ろ外袋＋袋口を中表に合わせて三辺を縫い、外袋を作る

後ろ袋口（表）
前袋口（裏）
1
1
前外袋（裏）
後ろ外袋（表）
1

内袋（表）
内袋（裏）
前袋口（表）
バックル差し込み側
平紐A

内袋（表）
0.2
前袋口（表）

後ろ袋口（表）
前袋口（裏）
⓰縫い代を割り、袋口を折る
前外袋（裏）
1

⓱マチを縫う
3
3
3
3
反対側も同様

⓲外袋（⓯〜⓱）と同様に内袋を作り、表に返した外袋に内袋を入れ、袋口で合わせて縫う

⓳平紐Eを肩ベルトのアジャスターに通し、先端を三つ折りにして2本縫う

完成図 ※袋口は三つ折りにして、バックルをとめる

アジャスター
1
アジャスター
0.2
平紐E
1

単位は㎝
Ｚは着物幅（幅は着物によって異なる）
←→ 布のたて地の方向
〜〜〜 縁かがり縫い（裁ち図のみに記載）

----- 解説している縫い線
----- 縫い終えた線
●--- 縫い止まり
—·— 中心線

トート よこなが

写真 P.5
（Ｚ=36㎝の場合）

材料

●着物…1枚
●内袋用別布
　…裁ち図参照

【裁ち図 ✂】

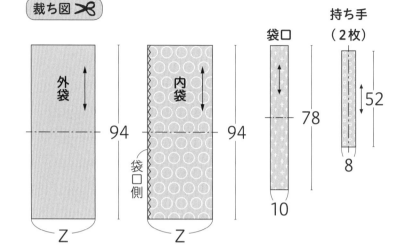

外袋　94　内袋　94
袋口側
Ｚ　Ｚ

袋口　78　10

持ち手（2枚）　52　8

トート たてなが

写真 P.11
（Ｚ=36㎝の場合）

材料

●着物…1枚　●内袋用別布…裁ち図参照

【裁ち図 ✂】

外袋　52　内袋　52
袋口側
Ｚ　Ｚ

袋口　42　10

持ち手（2枚）　52　8

【作り方 ✄】 トート よこなが・たてなが共通

【トート たてなが】

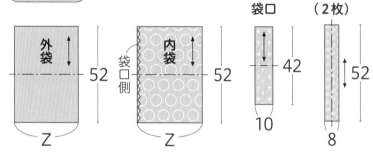

❶外袋を中表に二つ折りにして2辺を縫う

❷タックの印をつける

外袋（裏）　外袋（表）
わ
1　1
反対側も同様

❸縫い代を割ってタックを縫い、タックをたたんで押さえ縫いする

タックの印
外袋（裏）　外袋（裏）
2.5　タックの印
1
タックの印　0.5

❹外袋と同様に内袋を作り、表に返した外袋に入れる

内袋（表）
内袋（裏）
わ
外袋（表）
※袋口を合わせる
わ

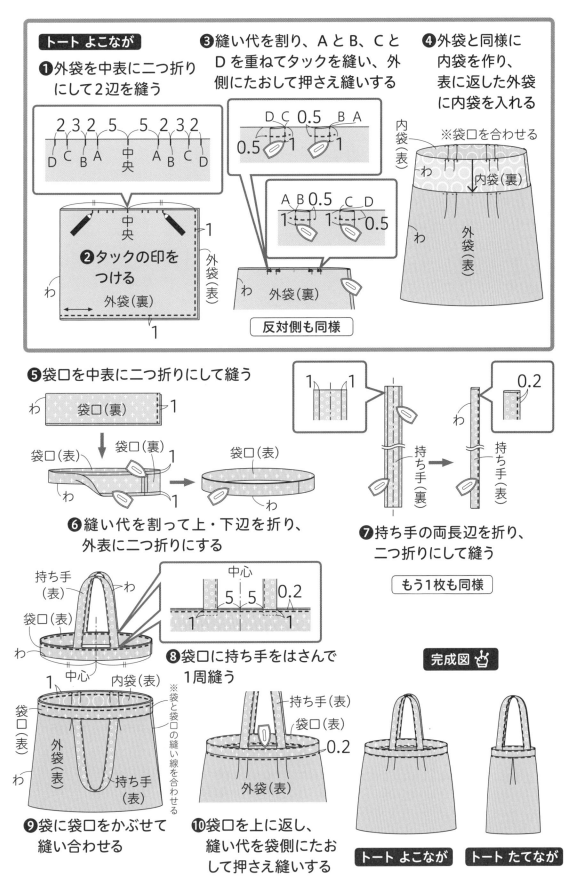

トート よこなが

❶外袋を中表に二つ折り
にして2辺を縫う

2 3 2 5 5 2 3 2
D C B A 中央 A B C D

❷タックの印を
つける

外袋（裏）
外袋（表）
わ
1

❸縫い代を割り、AとB、Cと
Dを重ねてタックを縫い、外
側にたおして押さえ縫いする

D C 0.5 B A
0.5 1 1

A B 0.5 C D
1 1 0.5

わ 外袋（裏）

反対側も同様

❹外袋と同様に
内袋を作り、
表に返した外袋
に内袋を入れる

内袋（表）
※袋口を合わせる
内袋（裏）
わ
外袋（表）

❺袋口を中表に二つ折りにして縫う

わ 袋口（裏） 1

袋口（表） 袋口（裏） 1
わ
1
袋口（表）
わ

❻縫い代を割って上・下辺を折り、
外表に二つ折りにする

1 1
0.2
わ
持ち手（裏）
持ち手（表）

❼持ち手の両長辺を折り、
二つ折りにして縫う

もう1枚も同様

持ち手（表） わ
袋口（表）
わ
中心

中心 5 5 0.2
1 1

❽袋口に持ち手をはさんで
1周縫う

1
袋口（表）
わ
外袋（表）
持ち手（表）
※袋と袋口の縫い線を合わせる

❾袋に袋口をかぶせて
縫い合わせる

持ち手（表）
袋口（表）
0.2
外袋（表）

❿袋口を上に返し、
縫い代を袋側にたお
して押さえ縫いする

完成図

トート よこなが トート たてなが

71

単位は㎝
Z は着物幅（幅は着物によって異なる）
◆—▶ 布のたて地の方向
〜〜 縁かがり縫い（裁ち図のみに記載）

----- 解説している縫い線
----- 縫い終えた線
●— 縫い止まり
—・— 中心線

リングバッグ たてなが

29

写真 P.6
（Z＝36㎝の場合）

裁ち図 ✄

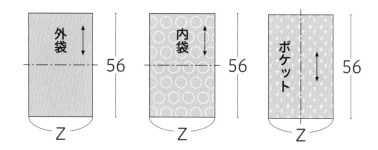

外袋　56　Z
内袋　56　Z
ポケット　56　Z

持ち手布
（2枚）

14　8

材料

●着物…1枚
●直径 13㎝の持ち手用リング（作品はプラスチックタイプ）…1組

リングバッグ よこなが

27

写真 P.15

裁ち図 ✄

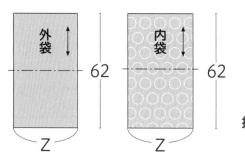

外袋　62　Z
内袋　62　Z
ポケット　32　Z

持ち手布
（2枚）

14　8

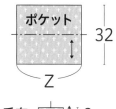

材料

●着物…1枚　●直径 13㎝の持ち手用リング（作品はバンブータイプ）…1組

作り方 🧺 リングバッグ たてなが・よこなが共通

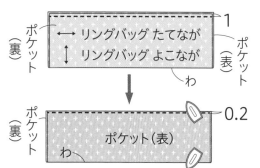

ポケット（裏）
← リングバッグ たてなが
↕ リングバッグ よこなが
ポケット（表）
わ
1

ポケット（裏）
ポケット（表）
わ
0.2

❶ポケットを中表に二つ折りにして長辺を縫い、表に返して長辺を縫う

持ち手布（裏）　持ち手布（表）
わ　1　→　わ
7

❷持ち手布を中表に二つ折りにして縫い、表に返す

リング
わ
わ
持ち手布（表）
0.5
わ
持ち手布（表）

❸持ち手布をリングに通して縫う

もう1組も同様

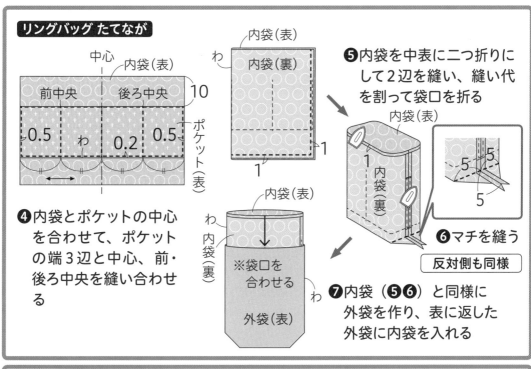

リングバッグ たてなが

❹内袋とポケットの中心を合わせて、ポケットの端3辺と中心、前・後ろ中央を縫い合わせる

❺内袋を中表に二つ折りにして2辺を縫い、縫い代を割って袋口を折る

❻マチを縫う

反対側も同様

※袋口を合わせる

❼内袋（❺❻）と同様に外袋を作り、表に返した外袋に内袋を入れる

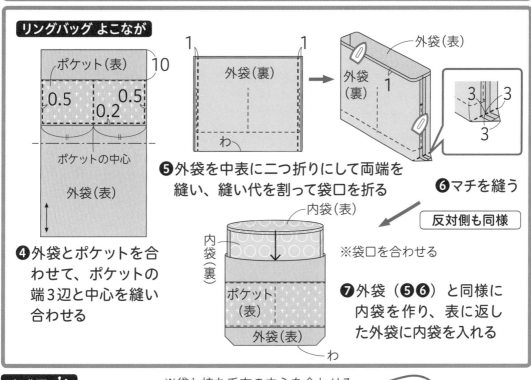

リングバッグ よこなが

❹外袋とポケットを合わせて、ポケットの端3辺と中心を縫い合わせる

❺外袋を中表に二つ折りにして両端を縫い、縫い代を割って袋口を折る

❻マチを縫う

反対側も同様

※袋口を合わせる

❼外袋（❺❻）と同様に内袋を作り、表に返した外袋に内袋を入れる

完成図

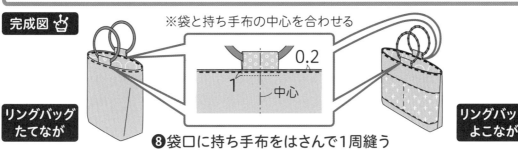

※袋と持ち手布の中心を合わせる

リングバッグ たてなが

リングバッグ よこなが

❽袋口に持ち手布をはさんで1周縫う

単位は㎝
Z は着物幅（幅は着物によって異なる）
◀──▶ 布のたて地の方向
〰〰 縁かがり縫い（裁ち図のみに記載）

╌╌╌ 解説している縫い線
╌╌╌ 縫い終えた線
●╌╌ 縫い止まり
─・─ 中心線

あづまバッグ

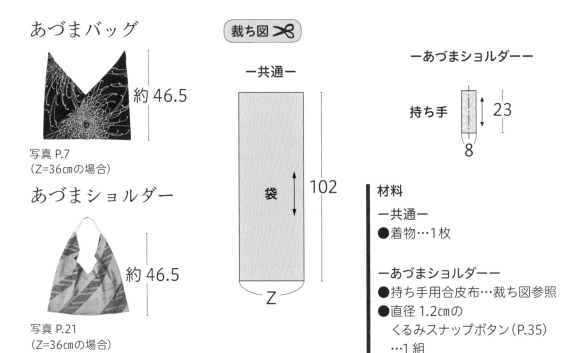

約 46.5

写真 P.7
（Z=36㎝の場合）

あづまショルダー

約 46.5

写真 P.21
（Z=36㎝の場合）

裁ち図 ✂

－共通－

袋 102

Z

－あづまショルダー－

持ち手 23

8

材料

－共通－
●着物…1枚

－あづまショルダー－
●持ち手用合皮布…裁ち図参照
●直径 1.2㎝の
　くるみスナップボタン（P.35）
　…1 組

作り方 　あづまバッグ・あづまショルダー共通

❶袋の両端を三つ折りにして縫う

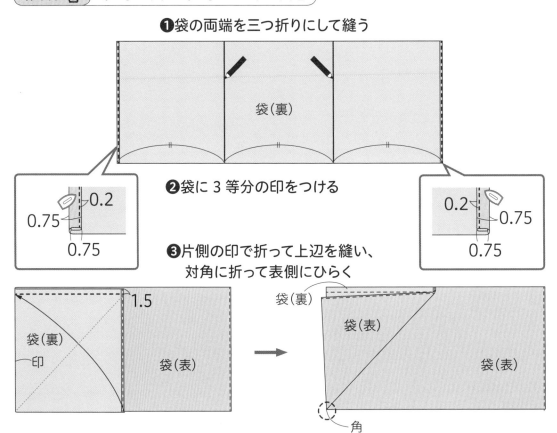

袋（裏）

0.2
0.75
0.75

0.2
0.75
0.75

❷袋に 3 等分の印をつける

❸片側の印で折って上辺を縫い、
　対角に折って表側にひらく

1.5

袋（裏）
印
袋（表）

袋（裏）
袋（表）
袋（表）
角

❹反対側も印で折って下辺を縫い、対角に折って表側にひらく

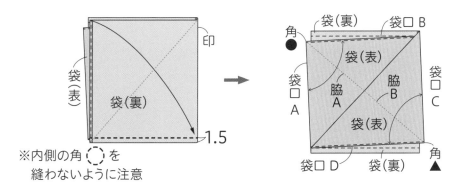

袋（表）
袋（裏）
印
1.5

※内側の角 ⌢ を
縫わないように注意

角 ●
袋（裏）
袋口 B
袋（表）
袋口 A
脇 A
脇 B
袋口 C
袋（表）
袋口 D
袋（裏）
角 ▲

❺袋口 A と B、C と D を中表に合わせて、袋状にたたみ、
　袋口 A 側の縫い代を袋（裏）側にたおして三つ折りにして縫う

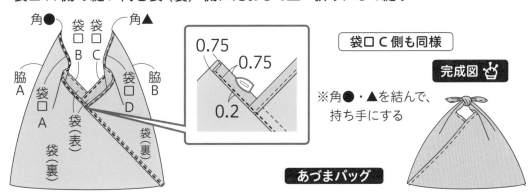

角 ●
袋口 B
袋口 C
角 ▲
脇 A
袋口 A
脇 B
袋口 D
袋（表）
袋（裏）

0.75
0.75
0.2

袋口 C 側も同様

完成図

※角 ● ・▲ を結んで、
持ち手にする

あづまバッグ

あづま
ショルダー

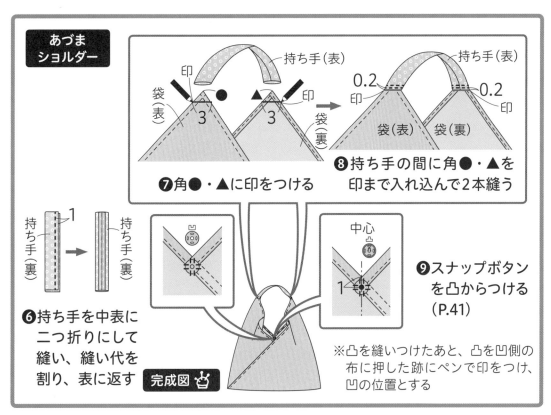

持ち手（表）
印
●
▲
印
袋（表）
3
3
袋（裏）

持ち手（表）
0.2
0.2
印
印
袋（表）
袋（裏）

❼角 ● ・▲ に印をつける

❽持ち手の間に角 ● ・▲ を
印まで入れ込んで2本縫う

持ち手（裏）
1
持ち手（裏）

中心
1

❻持ち手を中表に
二つ折りにして
縫い、縫い代を
割り、表に返す
完成図

❾スナップボタン
を凸からつける
（P.41）

※凸を縫いつけたあと、凸を凹側の
布に押した跡にペンで印をつけ、
凹の位置とする

単位は cm
Z は着物幅（幅は着物によって異なる）
◀━▶ 布のたて地の方向
〰〰 縁かがり縫い（裁ち図のみに記載）

- - - - 解説している縫い線
- - - - 縫い終えた線
●- - - 縫い止まり
—・— 中心線

サコッシュ

写真 P.8

裁ち図 ✂

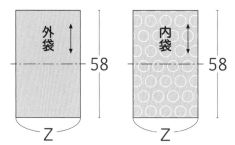

外袋 ⇕ 58 ─ Z

内袋 ⇕ 58 ─ Z

17

材料

- ●着物…1枚
- ●内袋用別布…裁ち図参照
- ● 2cm幅の平紐…A-7cm／ B-135cm
- ● 2cm幅用の角カン…1個　● 2cm幅用のアジャスター…1個

リボンバッグ

裁ち図 ✂

写真 P.16

外袋 ⇕ 74 ─ Z

内袋 ⇕ 74 ─ Z

32

材料

- ●着物…1枚
- ●内袋用別布
　…裁ち図参照

─ MEMO ─

バックル

差し込み側

受け側

平紐を連結するパーツ。きものリュック（P.67）の袋口に使用。

角カン　アジャスター

平紐の長さを調整するパーツ。きものリュック（P.67）はプラスチック製のアジャスターを肩ベルトに使用。

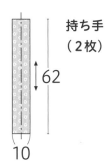

持ち手
（2枚）

62

10

作り方 👝 サコッシュ・リボンバッグ共通

❶外袋を中表に
二つ折りにして
両端を縫う

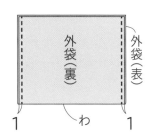

外袋（裏）

外袋（表）

1　わ　1

❷縫い代を割り、
袋口を折る

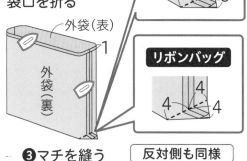

外袋（表）

外袋（裏）

1

❸マチを縫う

サコッシュ

3　3　3

リボンバッグ

4　4　4

反対側も同様

❹外袋と同様に
内袋を作り、
表に返した外袋
に内袋を入れる

内袋（表）

内袋（裏）

※袋口を
合わせる

外袋（表）

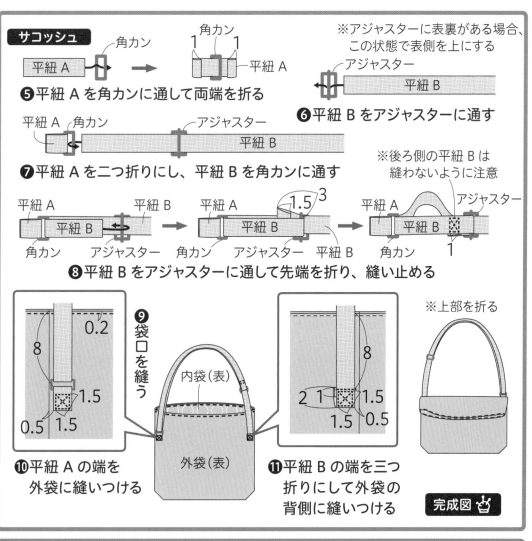

サコッシュ

❺平紐Aを角カンに通して両端を折る

❻平紐Bをアジャスターに通す

※アジャスターに表裏がある場合、この状態で表側を上にする

❼平紐Aを二つ折りにし、平紐Bを角カンに通す

※後ろ側の平紐Bは縫わないように注意

❽平紐Bをアジャスターに通して先端を折り、縫い止める

❾袋口を縫う

❿平紐Aの端を外袋に縫いつける

⓫平紐Bの端を三つ折りにして外袋の背側に縫いつける

※上部を折る

完成図

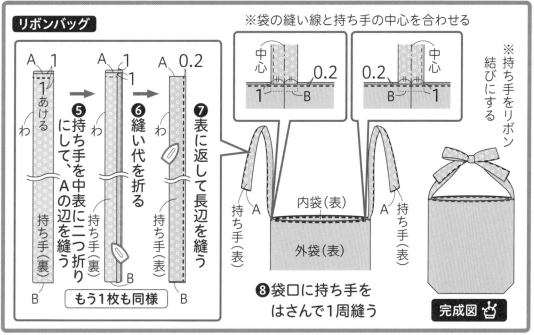

リボンバッグ

❺持ち手を中表にして、Aの辺に二つ折りにAの辺を縫う

❻縫い代を折る

❼表に返して長辺を縫う

もう1枚も同様

※袋の縫い線と持ち手の中心を合わせる

❽袋口に持ち手をはさんで1周縫う

※持ち手をリボン結びにする

完成図

ショルダーバッグ
ポーチ

単位はcm	----- 解説している縫い線
Z は着物幅（幅は着物によって異なる）	----- 縫い終えた線
←→ 布のたて地の方向	●--- 縫い止まり
〰〰 縁かがり縫い（裁ち図のみに記載）	—・— 中心線

ショルダーバッグ

35

写真 P.9

材料

● 着物…1枚
● 内袋用別布…裁ち図参照
● 直径 2cmのマグネットボタン
　（縫いつけタイプ）…1 組

裁ち図 ✂

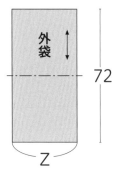
外袋　72　Z

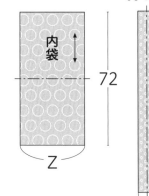
内袋　72　Z

持ち手
98
10

ポケット　42　Z

作り方

**❶ ポケット口を三つ折り
にして縫う**

ポケット（裏）
2
1
0.2

**❷ 外袋とポケットの
底の中心を合わせ
て、ポケットの両端
と中心、底の中心を
縫い合わせる**

ポケットの中心
外袋（表）
ポケット（表）
0.5　0.5
底の中心
外袋（表）

**❺ 外袋（❸❹）と同様に内袋を
作り、表に返した外袋に内袋
を入れて袋口で合わせる**

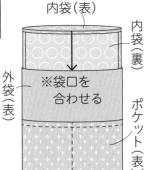
内袋（表）
内袋（裏）
※袋口を
合わせる
外袋（表）
ポケット（表）

1　外袋（表）　1
外袋（裏）

**❸ 外袋を中表に二つ折
りにして両端を縫う**

外袋（表）
1
外袋（裏）

**❹ 縫い代を割り、
袋口を折る**

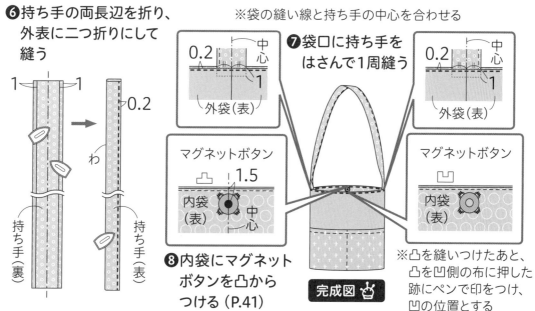

❻持ち手の両長辺を折り、
外表に二つ折りにして
縫う

※袋の縫い線と持ち手の中心を合わせる

0.2　中心　1

外袋（表）

❼袋口に持ち手を
はさんで1周縫う

0.2　中心　1

外袋（表）

マグネットボタン

1.5

内袋（表）中心

マグネットボタン

内袋（表）

1　1

持ち手（裏）

わ

持ち手（表）

0.2

わ

❽内袋にマグネット
ボタンを凸から
つける（P.41）

完成図

※凸を縫いつけたあと、
凸を凹側の布に押した
跡にペンで印をつけ、
凹の位置とする

ポーチ

写真 P.18
（Z=36cmの場合）

16

材料
●着物…1枚
●内袋用別布
　…裁ち図参照
●2cm幅のリボン…32cm
●直径1cmのくるみ
　スナップボタン（P.35）…1組

裁ち図 ✂

外袋　42
Z/2

内袋　42
Z/2

作り方

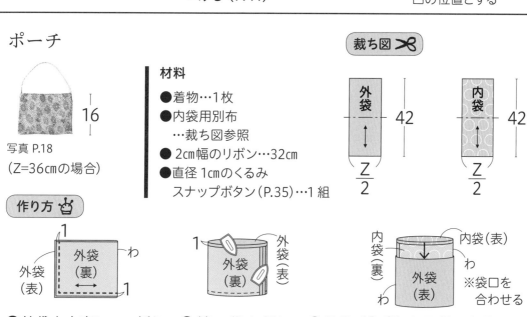

1　外袋（裏）　わ

外袋（表）　1

❶外袋を中表に二つ折り
にして2辺を縫う

1　外袋（裏）　外袋（表）

❷縫い代を割り、
袋口を折る

内袋（裏）　内袋（表）

外袋（表）　わ

わ

※袋口を
合わせる

❸外袋（❶❷）と同様に内袋を作り、
表に返した外袋に内袋を入れる

※袋の縫い線と持ち手の中心を合わせる

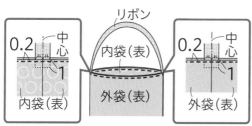

0.2　中心

内袋（表）　外袋（表）　1

中心　0.2

内袋（表）　外袋（表）　1

❹袋口に持ち手用のリボンを
はさんで1周縫う

※凸を縫いつけたあと、凸を凹側の布に押した
跡にペンで印をつけ、凹の位置とする

スナップ
ボタン

1　中心

内袋（表）

完成図

スナップ
ボタン

内袋（表）

❺内袋にスナップボタンを
凸からつける（P.41）

松下純子（まつした・じゅんこ）

大学を卒業後、水着のパタンナーを経て、2005年にWrap Around R.（ラップアラウンド ローブ）を立ち上げる。「着物の色や柄、反物の幅をいかした、今の暮らしにあった服作り」をコンセプトにした作品は、幅広い年代に支持され、テレビや雑誌など幅広く活動中。大阪市内にあるアトリエRojiroom（ロジルーム）では、着物のリメイク教室やワークショップを開催するほか、着物地やオリジナルパーツなどの販売も行なっている。著書に『型紙いらずのまっすぐ縫い 着物リメイクで大人服、子ども服』『いちばんやさしい着物リメイク』『1枚の着物から2着できる いちばんやさしい着物リメイク』『1本の帯で洋服からバッグまで はじめての帯リメイク』（以上、PHP研究所）、『型紙いらずの浴衣リメイク』（河出書房新社）など多数。

Wrap Around R. ホームページ　　http://w-a-robe.com/

Staff

撮影
木村正史

ブックデザイン・製図
堤　淳子

ヘアメイク
駒井麻未

モデル
折目真衣 (LIGHT management)

縫製アシスタント
清水真弓、阪本真美子、入野佳代子

作り方DTP
朝日メディアインターナショナル株式会社

校正協力
東　恵子、堤　裕子、株式会社ワード

編集・作り方原稿
キムラミワコ

1枚の着物から洋服とカバンが作れる
いちばんやさしい着物リメイク

2021年3月25日　第1版第1刷発行
2022年7月15日　第1版第3刷発行

著　者　松下純子
発行者　村上雅基
発行所　株式会社PHP研究所
　　　　京都本部　〒601-8411　京都市南区西九条北ノ内町11
　　　　〈内容のお問い合わせは〉教育出版部　☎075-681-8732
　　　　〈購入のお問い合わせは〉普及グループ　☎075-681-8818
印刷所　図書印刷株式会社